受験する前に知っておきたい

中学・高校教員の専門常識・基礎知識

TOSS採用試験全国事務局長 岸上隆文 監修

つちや書店

小学校教員と中学校・高校教員の違いとは?

　小学校教員と中学校・高校教員の最大の違いは、教員がすべての教科を教えるか、教科ごとに教員が違うかにあります。教科担任制の中学校・高校は、教科ごとに教鞭をふるう先生が変わってきます。そのため、すべての教科を教える小学校教員のほうが、学級運営がしやすいといえます。

　小学校では担任の先生が児童とずっと一緒にいるのに対し、中学校・高校では自分の教科と給食（おもに中学校）、そのほか学級活動や学校行事などに限られます。そのため、限られた時間で生徒のことをどれだけ見られるかが、中学校・高校教員としてやっていくためのコツともいえます。

　中学校・高校教員になるには、まずは教員免許状の取得が必要になります。公立校は公務員ということもあり、かつては倍率が高く、教員になるのも大変でした。しかし、最近は団塊の世代の一斉退職などもあり、教員への門戸は以前よりも多少開かれた状態になっています。昨今の学校教育を取り巻く変化で、教員の仕事はとても大変というイメージを抱く人も少なくありませんが、それでも「子どもたちが育っていく姿を間近で見られる」という魅力は、今も昔も変わっていません。

中学校・高校教員の難しいところは?

　中学生・高校生は思春期に入っていることもあり、メンタルがより不安定になっています。そのような状況下で、どのようにして生徒たちを導いていくのか。これは教員生活を重ねたベテランでも難しい問題です。中学校・高校では、教員が1人の生徒と関わる時間は短く、なおかつ関わる生徒の人数が小学校よりも多くなります。そのため、教員が1人ですべてをやろうとするのではなく、学年の先生や職員など、学校で働く人たちの協力を得ながら、生徒を育てていく必要があります。

中学校・高校教員の魅力とは？

　就労という視点に立ったとき、小学校よりも中学校・高校教員のほうが「働く」とは何であるかを示すことができます。例えば、働く上で大切な心構えであったり、「(大人として) こうしていかないといけない」という道標を示すことができ、中学校・高校教員の魅力であるといえます。

　また生徒が小学生よりも「人」として成長しているので、教科の指導でも、部活動でもより深い内容まで踏み込んで追求できるのも、中学校・高校教員の醍醐味です。

　本書では、中学校・高校教員になる前に知っておくべきポイントを、「中学校・高校教員の基礎」「待遇」「仕事」「社会・時事」「特別支援教育」など、9つの章に分けて紹介します。そして章末・巻末の問題にチャレンジして、知識を定着させていきましょう。

TOSS採用試験全国事務局長
岸上隆文

中学校・高校教員の仕事の一例

- **学習指導**　● 教科指導　● 道徳指導　● 総合的な学習の時間
- **特別活動**　● 学級・ホームルーム活動　● 生徒会・専門委員会
　　　　　● 学校行事・儀式
- **生徒指導**　● 生徒・生活指導　● 進路指導　● 外部機関との連携
- **学校運営**　● 学年・学級運営　● 担当校務分掌　● 担当委員会
- **研究・研修**　● 校内研究・校外研修　● 授業研究　● 指定研究
- **その他**　● PTAへの対応

本書の使い方

本書は大きく「専門常識」と「基礎知識」と「総まとめ問題集」にわけることができます。

専門常識…中学校・高校教員に関する知識や、学校教育の現場での専門的な常識。
（Chapter0～4）

基礎知識…中学校・高校教員の仕事と結びつきが強い知識。
（Chapter5～8）

総まとめ問題集…採用試験直前にこれだけは押さえておきたい問題。（Chapter9）

以下、それぞれの章の概要と活用法です。

Chapter 0　知っておくべき基礎の基礎

中学校・高校教員になる前に知っておくべき知識をまとめています。どんなことを知っておくべきか、ここで確認しましょう。

Chapter 1　教員の専門常識その1　中学・高校教員とは?

中学校・高校教員とはどのような人・立場なのかをまとめています。将来のキャリアアップがイメージできるよう紹介しています。

Chapter 2　教員の専門常識その2　中学・高校教員の待遇

中学校・高校教員の給与や休暇、福利厚生、労働組合、年金、退職金といった待遇に関する情報をまとめています。

Chapter 3　教員の専門常識その3　中学・高校教員の仕事

中学校・高校教員の仕事についての情報をまとめています。このような情報から、中学校・高校教員になって働く自分を具体的に想像してみましょう。

Chapter 4　教員の専門常識その4　中学・高校教員になるために

中学校・高校教員になるために必要な資格、勉強法をまとめています。自分の理想とする教師像を見つけるための参考にもなります。

Chapter 5　覚えておきたい基礎知識その1　社会・時事

社会で注目されている、中学校・高校教育に関するキーワードを解説しています。いじめや不登校、非行、男女交際などがあります。

Chapter 6　覚えておきたい基礎知識その2　特別支援教育

近年、必要性が高まっている特別支援教育について解説しています。ADHD、自閉症スペクトラム、LD、二次障害などについて学んでおきましょう。

Chapter 7　覚えておきたい基礎知識その3　授業と進路指導
中学校・高校教員として知っておきたい授業や進路指導のノウハウを紹介しています。最低限の知識として学びましょう。

Chapter 8　覚えておきたい基礎知識その4　授業以外の学習
部活動や学校行事(入学式・卒業式・修学旅行)など、授業以外での学習について紹介します。

Chapter 9　教員の専門常識・基礎知識　総まとめ問題集
本書の内容を総復習できる問題をまとめました。受験の最終チェックにも最適です。

理解度チェック問題ページ

Chapter1～8の最後には理解度チェック問題があり、それぞれのChapterを復習することができます。おさらいをしてから次のChapterへ入ることをおすすめします。

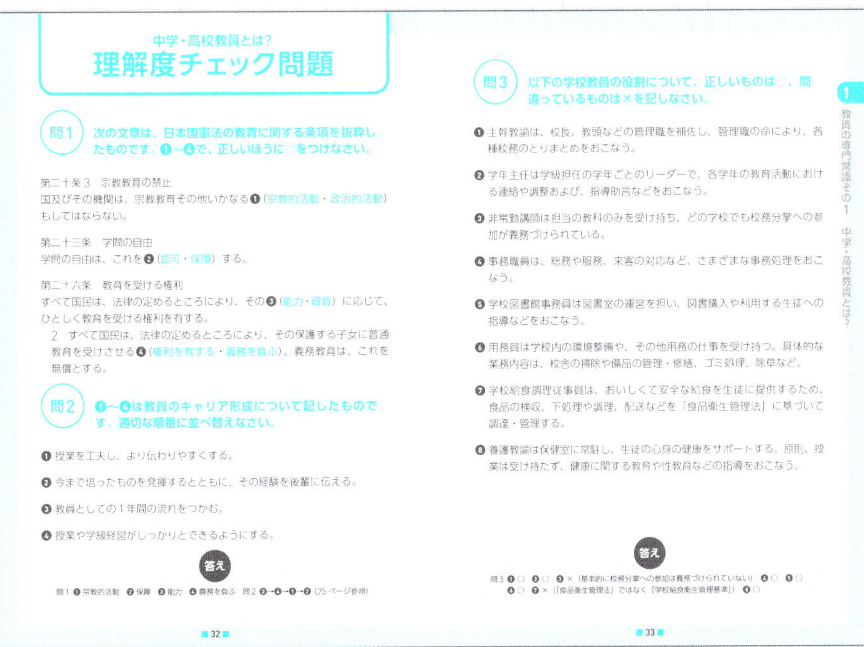

本書のデータや見解は、2015年10月現在のものです。

CONTENTS

はじめに ……………………………………………………… 2
本書の使い方 ………………………………………………… 4

Chapter0　知っておくべき基礎の基礎

教員に必要な知識 …………………………………………… 10
教員に必要な資格 …………………………………………… 12
教員に必要な資質 …………………………………………… 14
学校教育の歴史 ……………………………………………… 16
適性チェックリスト ………………………………………… 18
Column 1 公立の中高一貫校について …………………… 20

Chapter1　教員の専門常識その1　中学・高校教員とは？

学校組織 ……………………………………………………… 22
キャリア設計 ………………………………………………… 24
教育に関するさまざまな法律 ……………………………… 26
ともに働く多様な職種の職員 ……………………………… 28
職業高等学校 ………………………………………………… 30
中学・高校教員とは？ 理解度チェック問題 …………… 32
Column 2 グローバル教育について ……………………… 36

Chapter2　教員の専門常識その2　中学・高校教員の待遇

給与と待遇 …………………………………………………… 38
休暇の種類 …………………………………………………… 40
共済組合と互助会 …………………………………………… 42
労働組合と退職金・年金 …………………………………… 44
中学・高校教員の待遇 理解度チェック問題 …………… 46
Column 3 教員の服装について …………………………… 50

Chapter3　教員の専門常識その3　中学・高校教員の仕事

教員の仕事について ………………………………………… 52
学級指導 ……………………………………………………… 56

職員室での過ごし方	58
教員研修	60
校務分掌の組織と役割	62
管理職の職務内容	64
生徒とのつながりを築く	66
保護者への向き合い方	68
中学・高校の仕事 理解度チェック問題	70
Column 4 アフター5の付き合い方	74

Chapter4　教員の専門常識その4　中学・高校教員になるために

求められる教員像	76
教員免許状	78
教員免許の更新	82
教育実習	84
教員採用試験合格までの流れ	86
教員採用筆記試験	88
教員採用面接試験	90
さまざまある採用試験の種類	94
私立学校の採用	96
中学・高校教員になるために 理解度チェック問題	98
Column 5 通勤時の身だしなみ	102

Chapter5　覚えておきたい基礎知識その1　社会・時事

中学・高校で起こるいじめの特徴	104
いじめを防ぐ方法	106
不登校の要因	108
不登校の解決法	110
生徒の非行への対応	112
暴力的な生徒への対応	114
体罰と虐待	116
生徒との関わり方	118
困った保護者への対処法	120
インターネット社会でのトラブル	122
校内の安全管理	124
学校選択制とへき地教育	126

社会・時事 理解度チェック問題 …………………………… 128
Column 6 重要視される食育 …………………………… 132

Chapter6　覚えておきたい基礎知識その2　特別支援教育

必要性が高まる特別支援教育 ………………………………… 134
ADHD（注意欠陥多動性障害） ……………………………… 136
自閉症スペクトラム …………………………………………… 138
LD（学習障害） ………………………………………………… 140
二次障害 ………………………………………………………… 142
特別支援教育 理解度チェック問題 …………………………… 144
Column 7 インクルーシブ教育について …………………… 148

Chapter7　覚えておきたい基礎知識その3　授業と進路指導

授業力の向上 …………………………………………………… 150
学習が苦手な生徒との向き合い方 …………………………… 152
進路指導とキャリア教育 ……………………………………… 154
進学指導 ………………………………………………………… 156
授業と進路指導 理解度チェック問題 ………………………… 158
Column 8 就職指導について ………………………………… 162

Chapter8　覚えておきたい基礎知識その4　授業以外の学習

学校行事 ………………………………………………………… 164
部活動の役割 …………………………………………………… 168
部活動の指導 …………………………………………………… 170
授業以外の学習 理解度チェック問題 ………………………… 172
Column 9 教員としての力を身につけるには？ …………… 176

Chapter9　教員の専門常識・基礎知識　総まとめ問題集

教員の専門常識・基礎知識　総まとめ問題集 ……………… 178

索引 ……………………………………………………………… 188
おわりに ………………………………………………………… 191

Chapter 0

知っておくべき基礎の基礎

中学校・高校の教員に関する知識を事前に学び、把握しておくことはとても大切です。教員に必要な資格や資質について理解しておくと、今何をすべきかが見えてきます。これから目指す職業を具体的にイメージし、モチベーションアップにつなげていきましょう。

まずはこのChapter0で、中学校・高校の教員に必要な基礎事項を学んでいきます。教員にとって必要な知識、資格、資質を知り、教員になるための準備を整えましょう。

Chapter0 知っておくべき基礎の基礎

教員に必要な知識

- 教員に対するイメージを具体的に理解する
- 中学・高校教員に必要な知識とは？

採用試験突破には幅広い知識の習得が必要

　教員採用試験を受ける際には、実際に教員になったときの具体的なイメージを持つことが大事です。そのため、採用試験を突破するには、過去の問題集を解くだけでなく、教科についての知識はもちろん、時事や法律など、幅広い知識を有しておく必要があります。そこで、本書の「Chapter5覚えておきたい基礎知識　社会・時事」（103ページ）や「Chapter7覚えておきたい基礎知識　授業と進路指導」（149ページ）を基に知識を深めていきましょう。知識を習得することで、教職教養試験、論作文、面接や集団討論などに役立てることができます。

中学・高校教員に必要な知識

　中学、高校へと進むにつれて、学習内容の難易度も上がっていきます。教員には、専門分野を大学で学んだり、研究したレベルの専門的な知識が求められます。また、中学校・高校教員は、生徒に対して進路指導を行う必要があります。さまざまな将来への可能性と、その進路を選んだ場合の将来像を、それぞれの生徒に対して現実的なアドバイスができるよう、日頃から情報を集めておきましょう。また中学校・高校の教員は部活動の顧問を受け持つことが多いですが、生徒がプロを目指して頑張っていることもあるでしょう。そのときには、自分自身に専門的な知識が十分になくても、真剣に生徒と向き合い、その分野の勉強に励むことも必要です。

教員に関する基礎知識Q&A

以下、よくある質問にお答えします。

 Q1. 中学・高校の教員になるにはどうしたらいいですか?

Chapter4(75ページ)で詳しく説明しますが、まずは教員免許状の取得が必要です。教育職員免許法に定められた科目と単位を取得し、免許取得後、都道府県、政令指定都市が実施する教員採用試験に合格して、晴れて教員となります。

 **Q2. なぜ今から知っておいたほうがいいのですか?**

教育現場は忙しく、初任者として赴任しても、すぐに先生としての対応を求められます。初任者でもベテランでも、保護者や子どもの教員に対する目は同じです。現場で基本を身につける時間は短いので、今から学ぶ必要があるのです。

 Q3. 学生時代に勉強した内容は役立ちますか?

正直な話、あまり役には立ちません。大学の講義で学んだことが直接使えることは、ほとんどないでしょう。だからこそ、本書を読んで教員にとって必要な知識、実際の子どもとの関わり方、教科の専門性の伝え方などを学んでいきましょう。

 MEMO 教員の平均年齢が低下

　教員の平均年齢は、1990年代以降、上昇を続けていましたが、ここにきて若返りが進んでいます。これは、1970年前後に大量採用された世代が退職期に入ったからです。平均年齢に関する調査は3年ごとに実施されていますが、小学校・中学校・高校ともに若返りが進んでいます。一方で、都心部では30~40代の教員が不足し、20代と50代の教員ばかりという学校が増えており、年齢のバランスの面で課題が生まれています。

Chapter0　知っておくべき基礎の基礎

教員に必要な資格

- 教員に必要な教員免許状について理解する
- 教員免許状を理解することで教員になるための準備をする

国家資格の教員免許

　学校の教員になるためには教育職員免許状が必須で、一般的に教員免許と呼ばれています。これは教育職員免許法で定められた国家資格で、普通免許状・特別免許状・臨時免許状の3種類があります。

　大学の教職課程で所定の単位を修得すると授与されるのが普通免許状です。特別免許状と臨時免許状は「雇用先は決まっているけど普通免許状を持たない場合」に授与されるものなので、中学校・高校教員を目指す場合は中学校教諭普通免許状、または高等学校教諭普通免許状を取得する必要があります。

中学・高校両方の資格を取得すべき理由

　中学・高校の教員免許に必要な科目は重なっているので、なかには両方を取得する人もいます。これは応募資格に中学・高校両方の教員免許の保有と明記されている場合が多いからです。そのため、中学または高校の教員を目指している人は、両方の免許を取得しておくことをおすすめします。ちなみに中学校の免許状には介護等体験が必要ですが、高校は不要です。また教科または教職に関する科目は、高校の免許状を取得する場合は16単位に対し、中学は8単位となっています。どちらか一方を取得するよりは、多くの単位の修得や時間が必要ですから、計画的に進めましょう。

学校種ごとに区分される教員免許状

教員になるために必要な国家資格「教育職員免許状」で、自分が目指す教員になるにはどの免許状が必要なのかを正しく理解しておきましょう。

教育職員免許状

普通免許状
大学などで所定の単位を修得すると授与される、もっとも一般的な教員免許。

区分	大学院修士課程修了	大学卒業	短期大学卒業
幼稚園教諭	専修免許状	一種免許状	二種免許状
小学校教諭	専修免許状	一種免許状	二種免許状
中学校教諭	専修免許状	一種免許状	二種免許状
高等学校教諭	専修免許状	一種免許状	×
特別支援学校教諭	専修免許状	一種免許状	二種免許状
養護教諭	専修免許状	一種免許状	二種免許状
栄養教諭	専修免許状	一種免許状	二種免許状

特別免許状
雇用者（学校法人など）の推薦を受け、教育職員検定に合格した者に授与される。

臨時免許状
普通免許状を有する者を採用できないときに限って授与される。

専修、一種、二種の免許状によって、仕事内容に違いはなく、キャリアアップにもそれほど影響はありませんが、給与に差が生じます。

普通免許状が授与される教科

中学校
国語／社会／数学／理科／音楽／美術／保健体育／技術／家庭／職業（職業指導及び職業実習［農業、工業、商業、水産及び商船のうちいずれか1つ以上の実習とする。以下同じ］を含む）／職業指導／職業実習／外国語（英語、ドイツ語、フランス語、その他の外国語に分ける）／宗教

高校
国語／地理歴史／公民／数学／音楽／美術／工芸／保健体育／保健／看護／看護実習／家庭／家庭実習／情報／情報実習／農業／農業実習／工業／工業実習／商業実習／水産／水産実習／福祉／福祉実習／商船実習／外国語（英語、ドイツ語、フランス語、その他の外国語に分ける）／宗教

Chapter0　知っておくべき基礎の基礎

教員に必要な資質

● 教員に必要な資質は何かを理解する
● 教員にふさわしい人、ふさわしくない人の特性を知る

専門分野への知識を探究する

　中学校・高校の教員は学級も担任しますが、学習の指導は教科担任制で、専門科目を受け持ちます。その理由は、中学・高校と学年が進むにつれて、教科ごとに、より専門的な内容を指導する必要があるからです。

　数年以上のキャリアがある教員のなかには、毎年同じ指導用ノートを使い回して授業する人がいるかもしれません。しかし、生徒を取り巻く環境は日々刻々と変化しており、学習指導要領の改訂で教育内容が変わることもあります。自分の専門分野に関する情報を常に収集し、専門性をブラッシュアップし続けていく探究心が、これからの教員には求められています。

強いリーダーシップが必要

　人生において中学・高校の時期は、子どもから大人へ成長する大切な時期です。生徒たちは子どもではないけれど、まだ大人でもない不安定な時期にいます。また、子どもと教員の年齢差が縮まるので、最初から教員を見下す生徒もいるかもしれません。そういった生徒を意図した方向へ指導するには強いリーダーシップが必要になります。

　担任制で受け持つ教科、学級の担任、部活動の顧問など、生徒に関わるすべての仕事において、教員は常にリーダーシップを発揮する必要があるのです。

中学・高校の教員にふさわしい人とは？

教員は、生徒たちの見本となるべき存在です。教員にふさわしい資質、ふさわしくない資質を把握しておきましょう。

中学・高校の教員にふさわしい人

いつでも理性的な言動ができる

生徒たちに接するときは、どのような状況でも感情をコントロールでき、だれにでも公平な対応と社会人としてマナーのある振る舞いができる。

情熱と強い意欲を持っている

若くて、エネルギーに満ちあふれた生徒を指導するには、教員も情熱と強い意欲をもった指導が必要になる。

中学・高校の教員にふさわしくない人

適切な判断や決断ができない

それぞれの場面で決断をおこない、組織をよりよい方向へ進めるのが教員の役割。そうした決断ができないと、生徒に混乱をもたらす原因になる。

生徒に媚びてしまう

生徒に嫌われるのをおそれ、媚びるような言動・態度をとっていると、生徒になめられてしまう。

Chapter0　知っておくべき基礎の基礎

学校教育の歴史

● 学校教育がどのような過程で現在に至ったのかを知る
● 日本の学校制度や義務教育などを理解する

近代教育制度以前の教育

　学校教育の始まりは室町時代とされますが、実際に学校教育が発展したのは江戸時代からです。武士階級の年少者は「藩校（はんこう）」と呼ばれる、藩（江戸時代の支配領域・支配構造）が運営する学校などに通い、学問や教養を身につけました。また庶民の中にも、年少者を「寺子屋（てらこや）」という初等教育機関に入れて学ばせる者もいました。

近代教育制度の変遷

　明治時代になると、欧米をモデルにした教育制度が取り入れられます。まずは1872年（明治5）に「学制」を公布し、地域でバラバラだった教育制度を文部省が統括するようになりました。9年後に公布された「教育令」では小学校の設置・就学義務の緩和などが規定され、1886年（明治19）の「学校令」公布で中等教育、高等教育も含めた学校制度の基礎が確立されました。

　その後の学校制度の大きな変革は1947年（昭和22）、GHQ（連合国司令部）の指揮・監督のもと「学校教育法」が公布され、学校制度は現在の形になったのです。またすべての国民が平等に教育を受ける権利や、自由な学問を追究できることが日本国憲法で規定されましたが、それに基づき「教育基本法」が公布されました。

　以後、給食の開始や大学入試センター試験の開始、学校週5日制など、時代によってさまざまな教育制度が取り入れられて現在に至っています。

学校教育の歴史

西暦年	出来事
1872	[※1]学制が公布される
1879	学制が廃止され、[※2]教育令が公布される
1886	教育令が廃止され、[※3]学校令が公布される
1890	[※4]教育勅語が発布される（1948年廃止）
1903	[※5]国定教科書制度が定められる
1941	[※6]国民学校令が公布される
1946	日本国憲法が公布され、教育を受ける権利、義務教育の無償化（以上二十六条）、国による宗教教育の禁止（二十条3項）、公の支配に属しない教育に対する公金支出の禁止（八十九条）などが定められる
1947	教育基本法（旧）、学校教育法が公布され、9年の義務教育（小学校6年、中学校3年）が制定される。旧制中学が中学校と高等学校となる

西暦年	出来事
1948	[※7]市町村立学校職員給与負担法、[※8]私立学校法、[※9]教育委員会法を公布
1951	国際連合教育科学文化機関（ユネスコ）に加盟する
1952	[※10]中央教育審議会が設置される
1956	学校給食法が公布される
1969	教科書無償配布制の完全実施
1987	初任者研修が開始される
1990	大学入試センター試験が開始
1992	学校週5日制の実施
2001	中央省庁再編で文部科学省が設置される
2002	新学習指導要領に基づく教科書の使用開始（ゆとり教育）
2006	改正教育基本法を公布。[※11]教育再生会議を設置
2007	教員免許更新制を定める
2008	[※12]教育再生懇談会を設置

（※1）学制…日本で最初の近代学校教育制度に関する基本法令。（※2）教育令…教育の権限を地方に委ね、小学校の設置や就学義務の緩和などが定められた。（※3）学校令…1886年（明治19）に発布された教育に関する法令の総称。帝国大学令、師範学校令、中学校令などがある。（※4）教育勅語…教育の基本方針を示した明治天皇の勅語。（※5）国定教科書制度…教科書などの編集や発行の権限を国家が有する制度。（※6）国民学校令…戦時に備えるために定められた勅令。（※7）市町村立学校職員給与負担法…学校職員の給与を都道府県が負担することを定めた法律。（※8）私立学校法…私立学校や学校法人について定めた法律。（※9）教育委員会法…教育委員会などについて定めた法律。（※10）中央教育審議会…旧文部省が設置した審議会。（※11）教育再生会議…教育改革への取り組みを強化するために設置した機関。（※12）教育再生懇談会…内閣直属の教育についての私的諮問機関。

 MEMO : 江戸時代から整っていた日本の教育制度

江戸時代の庶民の教育を支えた寺子屋は、幕府や藩からの通達ではなく、自然発生的に始まりました。その後、1872年（明治5）に学制が公布されたときに、寺子屋をもとにして作られた小学校の数は、2万4500校（国立教育政策研究所2012年「我が国の学校教育制度の歴史について」）でした。現在の小学校数が2万8052校（文部科学省2014年学校基本調査）とほぼ同数だったことから、江戸時代から日本の初等教育制度が整っていて、学ぶ意欲が高かったことがわかります。

Chapter0 知っておくべき基礎の基礎

適性チェックリスト

- まずは自分がどの程度、教員に関する知識があるかを知る
- 最終的にすべての項目をチェックできるようにする

教員に関する理解度を知る

中学・高校教員を目指すのであれば、学校という組織や教員の仕事について調べておく必要があります。インターネットや書籍などで情報収集しても、まだまだ知らないことも多いはず。まずは、学校や教員の仕事などについて、自分にどの程度の知識があるかを、次のチェックリストを活用して把握します。そして、本書を読み進め、最終的にはすべての項目にチェックできるようにしましょう。

CHECK 中学・高校教員について

- [ ] 学校の組織について理解しているか?
- [ ] 教員のキャリア形成について理解しているか?
- [ ] 教員に関する歴史をどれだけ理解しているか?

➡ Chapter1をチェック

CHECK 中学・高校教員の待遇について

- [ ] 教員の給与について理解しているか?
- [ ] 教員の休暇について理解しているか?
- [ ] 教員の福利厚生について理解しているか?

➡ Chapter2をチェック

CHECK 中学・高校教員の仕事について

- [ ] 教員の仕事内容を理解しているか?
- [ ] 校務分掌の組織と役割について理解しているか?
- [ ] 生徒や保護者との向き合い方を理解しているか?

➡ Chapter3をチェック

CHECK 中学・高校教員になる方法

- [ ] 教員になるために必要な免許状について理解しているか?

➡ Chapter4をチェック

CHECK 中学・高校をとりまく問題について

- [ ] いじめ、不登校、非行の問題について理解しているか?
- [ ] 困った保護者への対応方法を理解しているか?
- [ ] 学校の安全やネット上のトラブルについて理解しているか?

➡ Chapter5をチェック

CHECK 特別支援教育について

- [ ] 特別支援教育について知識があるか?
- [ ] ADHD、自閉症、LDについて理解しているか?

➡ Chapter6をチェック

CHECK 授業と進路指導について

- [ ] 授業力の大切さは理解しているか?
- [ ] 生徒のキャリア教育について理解しているか?

➡ Chapter7をチェック

CHECK 授業以外での学習について

- [ ] 学校行事の目的や運営について理解しているか?
- [ ] 部活動における注意点について理解しているか?

➡ Chapter8をチェック

Column 1

公立の中高一貫校について

▶ 中等教育学校は中高の教員免許状が必要

　中高一貫教育とは、従来の中学・高校の教育系統を一本化した、組織的な教育方式のことを指します。一貫教育をおこなう学校のことを中高一貫校といい、公立の中高一貫校も増えています。高校受験にとらわれずに腰を据えて6年間学べることから、人気を集めています。

　中高一貫校は中等教育学校、併設型、連携型に分類されますが、このうち中等教育学校の教員は、中学校と高校両方の教員免許状が必要になります。ただし、「当分の間」はどちらか一方だけでもよいことになっています。中高一貫校では中学校と高校の学習内容を一部入れ替えたり、重複した部分を整理して学習できたりするので、教育の質の向上にもつながっています。

中高一貫校の分類

中等教育学校	6年間の一貫教育をおこない、前期課程3年（中学校相当）と後期課程3年（高校相当）にわけられる。
併設型中高一貫教育校	中学校と高校を併設して中高一貫教育をおこなう。基本的には無試験で高校に進学することができる。また外部からの希望者に対し、高校入学試験をおこなう学校もある。
連携型中高一貫教育校	異なる設置者間で設置された中高一貫校。ひとつの高校に複数の中学校、複数の高校にひとつの中学校が対応している場合がある。中等教育学校や併設型に比べて大幅なカリキュラムの変更はできないが、中学校の教員が高校で授業をおこなったり、高校の教員が中学校の授業を受け持ったりすることは可能。

Chapter 1

教員の専門常識その1
中学・高校教員とは?

中学校・高校の組織はどうなっているのか? 中学校・高校の教員はどのようなキャリアを形成していくのか? 教員になる前に知っておきたいポイントを紹介します。とくに教育に関する法律は、試験の出題も多いので、とても重要です。

中学校・高校がどのような組織で成り立っているのかを知り、教務や生徒指導、研究など、教員の役割についての理解を深め、さらに中学校・高校に関する法規を学んでいきます。

Chapter1　教員の専門常識その1　中学・高校教員とは？

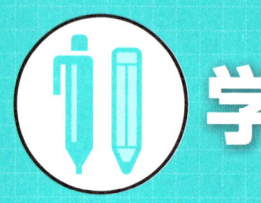
学校組織

● 中学校・高校がどのような組織で成り立っているのかを知る
● 教務や生徒指導、研究など、教員の役割についての理解を深める

教員における管理職

　一般企業と同じように、教員にもさまざまな役割があります。教員の役職としてのトップが学校管理職です。これは、校長、副校長、教頭などを指し、多くの自治体では管理職試験に合格することで任じられます。副校長と教頭の設置は義務ではないので、どちらかがいない学校もあります。

　学校管理職、校長の仕事は、一般的に「4管理2監督」といわれます。管理とは、1.学校教育、2.所属職員、3.学校施設、4.学校事務の管理。監督とは、所属職員の1.職務上、2.身分上の管理で、学校全体で起きることに関して、職員の管理などで責任を持つ仕事です。そして、副校長や教頭は、校長の補佐と、校長不在時の校長の代理を務めます。

管理職の下に位置する主幹教諭

　管理職の下には主幹教諭という職位があります。主幹教諭は、2008年（平成20）施行の改正学校教育法に基づき配置されるようになりました。校長、教頭（副校長）の補佐、教員の育成指導・監督などを担う、所属教員のリーダーです。主幹教諭は、主幹教諭試験の合格をもって任用されます。役職として、進路指導主事、生徒指導主事、教務主任などがあり、それぞれの役割のとりまとめをおこないます。そして主任は、試験による任用とは関係なく、各分野のとりまとめををおこないます。学年担任を学年主任が、教科ごとの教員のとりまとめを教科主任がおこないます。

学校組織図の例

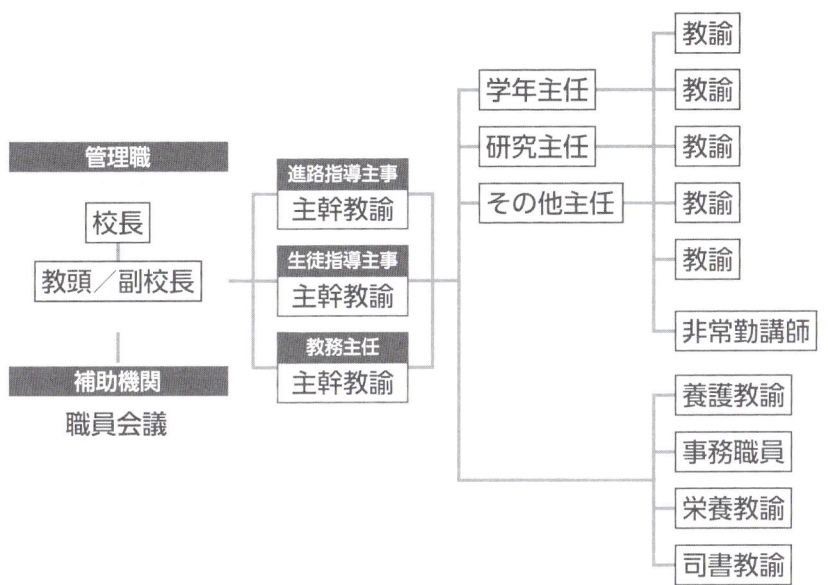

校長
学校の最上級の役職で、運営責任者。その職務は教育基本法28条において「校務をつかさどり、所属職員を監督する」と規定されている。

教頭／副校長
「校長を助け、校務をおこなうこと」が役割。

主幹教諭
校長、教頭などの管理職の補佐。管理職の命により、各種校務のとりまとめをする。生徒の教科指導もおこなう。

学年主任
学級担任の学年ごとのリーダー。各学年の教育活動における連絡や調整、指導・助言などをおこなう。

教諭
教育職員免許法に基づく免許を持ち、生徒の教科指導などをおこなう。学校の運営に必要な校務分掌も担っている。

非勤・非常勤講師
常勤講師は教諭の仕事に準じる。非常勤講師は担当教科のみ受け持つ。

Chapter1　教員の専門常識その1　中学・高校教員とは？

- 新任の段階から自分の将来の見通しを立てる
- キャリア設計は余裕を持って計画的に考える

長い月日がかかる教員の育成

　各自治体は、研修などを通して5年、10年と年月をかけて教員を育成します。多くの場合、最初の年は学級担任を補佐する副担任から経験します。2、3年目で学級担任を任され、担任をしながら、校務分掌の経験を積みます。そして、10年余りで学年主任を担当するようになります。その後、主幹教諭や指導教諭などを経て40代前後で管理職試験を受験し、副校長や教頭になり、さらに50代半ばで校長になるのが一般的なキャリアコースです。

教員としてのキャリアアップ

　教頭や校長は、もちろん誰もがなれるわけではありません。校長を目指すならば、新任の段階から長期的な視野を持つ必要があります。
　校長を目指さない場合は、教員として働くための目的を持つことがキャリアアップへつながります。30代、40代と、10年ごとを節目と考え、その頃には自分はどのような立場で仕事をしていたいかを想像し、実際に行動していくことが大切です。周囲に尊敬できる先輩教員がいれば、その方をお手本にするのもよいでしょう。
　すぐに自分の将来の方向性を決めるのは難しいかも知れませんが、気負わずに、前向きに考えることが肝心です。

長期的なキャリア設計を見通す

下記は、長期的なキャリア形成における見通し設計の一例です。

20代

基礎形成期

1年目
- 教員の仕事の流れを覚える
- 教員としての1年間の流れをつかむ
- 授業や部活動に慣れる

2〜3年目
- 生徒の特性をつかむ
- 授業や学級経営がしっかりとできるようにする

基礎完成期

4〜8年目
- 生徒への適切な指導ができる
- 基礎を踏まえて新しいことにチャレンジする
- 自分のスタイルを確立する

9〜12年目
- 授業を工夫し、より伝わりやすくする
- 教員としての10年間を振り返り、今後のキャリアについて考える
- 専門性を高めていく

30代

資質向上期

13〜18年目
- 自分の殻を破り、成長を実感する
- クリエイティブな仕事ができる
- "指導力"など、自分なりの「得意技」を身につける
- 後輩を適切に指導できる

40代

資質完成期

19〜28年目
- 自分の授業スタイルを振り返る
- モチベーションを高め、自分なりの仕事に対する考え方を確立する
- 生徒や保護者への理解を深める
- 校務分掌の中心を担い、学校運営にも積極的に参画する
- 専門性をさらにみがく

50代

円熟期

29年目以降
- 今まで培ったものを発揮するとともに、その経験を後輩に伝える
- 管理職になった場合は、リーダーシップを発揮して学校経営をおこなう

 MEMO 女性と若手教員の管理職登用が増加

かつては男性が多かった学校の管理職ですが、女性管理職も増えてきています。平成26年度の学校基本調査速報では、学校管理職に占める女性の割合は23.3％で、過去最高の数値になったと発表されました。文部科学省は今後も、女性管理職を増やす方針です。やる気のある若手の管理職登用も増加傾向にあり、小学校では30代で教頭になった例もあります。

Chapter1　教員の専門常識その1　中学・高校教員とは?

教育に関する さまざまな法律

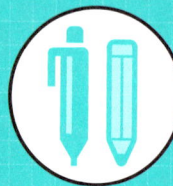

- 教育に関する法律は採用試験対策において必須
- 中学校・高校に関連する法規を知る

日本国憲法

　日本国憲法とは、国がめざす理念のことです。「立憲主義」に基づいて制定された憲法であり、国民の権利と自由を保障するとともに、国家権力を制限する役割を担っています。国民を守るための憲法なので、国家権力に利用されることのないよう、憲法改正には通常の法律よりも厳しい手続きが必要になります。

教育基本法、学校教育法、地方公務員法

　教育現場において教育基本法は、日本国憲法に次いで重要な法律です。この法律は日本国憲法に基づいて定められたもので、教育の目的や方針、機会均等、義務教育や男女共学など、教育現場における重要な事項を規定しています。

　学校教育法は、教育基本法に基づいて定められた法律です。幼稚園から大学までの学校制度について規定しています。

　そして地方公務員法は、一般職の地方公務員に関する法律です。任用、服務、懲戒など、地方公務員の基本的な事項が定められています。公立の教員は公務員ですから、地方公務員法の規制の対象です。条文のなかでもとくに、教員の服務を規定した第30条や、信用失墜行為の禁止を規定した第33条は重要です。日本国憲法も含め、教育関連の法律は、教員採用試験の「教職教養」で出題されるので、しっかりと学習して覚えておきましょう。

教育に関するおもな法律

日本国憲法：1946年（昭和21）公布

第二十条-3　宗教教育の禁止
国及びその機関は、宗教教育その他いかなる宗教的活動もしてはならない。

第二十三条　学問の自由
学問の自由は、これを保障する。

第二十六条　教育を受ける権利
すべて国民は、法律の定めるところにより、その能力に応じて、ひとしく教育を受ける権利を有する。
2　すべて国民は、法律の定めるところにより、その保護する子女に普通教育を受けさせる義務を負ふ。義務教育は、これを無償とする。

学校教育法：1947年（昭和22）公布

第五章　中学校（第45条～第49条）
第四十五条　中学校は、小学校における教育の基礎の上に、心身の発達に応じて、義務教育として行われる普通教育を施すことを目的とする。

第六章　高等学校（第50条～第62条）
第五十条　高等学校は、中学校における教育の基礎の上に、心身の発達及び進路に応じて、高度な普通教育及び専門教育を施すことを目的とする。

地方公務員法：1947年（昭和22）公布

第三十条　地方公務員の服務の根本基準
すべて職員は、全体の奉仕者として公共の利益のために勤務し、且つ、職務の遂行に当たっては、全力を挙げてこれに専任しなければならない。

第三十三条　信用失墜行為の禁止
職員は、その職の信用を傷つけ、又は職員の職全体の不名誉となるような行為をしてはならない。

教育基本法：2006年（平成18）公布（1947年の旧法を改正）

第三条　生涯学習の理念
国民一人一人が、自己の人格を磨き、豊かな人生を送ることができるよう、その生涯にわたって、あらゆる機会に、あらゆる場所において学習することができ、その成果を適切に生かすことのできる社会の実現が図られなければならない。

第四条　教育の機会均等
- すべて国民は、ひとしく、その能力に応じた教育を受ける機会を与えられなければならず、人種、信条、性別、社会的身分、経済的地位又は門地によって、教育上差別されない。
- 国及び地方公共団体は、障害のある者が、その障害の状態に応じ、十分な教育を受けられるよう、教育上必要な支援を講じなければならない。
- 国及び地方公共団体は、能力があるにもかかわらず、経済的理由によって修学が困難な者に対して、奨学の措置を講じなければならない。

Chapter1　教員の専門常識その1　中学・高校教員とは?

ともに働く多様な職種の職員

- 教員以外にもさまざまな職種の職員がともに働いている
- 事務職員や学校技能員（用務員）、給食調理員などの職務内容を理解する

すべての職員の連携で成り立つ学校運営

　中学、高校で働いているのは、教員だけではありません。そのほかにも、数多くの職員が働いています。

　総務や服務、来客の対応などの事務処理を担当する学校事務職員、学校給食の調理を担う学校給食調理従事者、図書館の運営を担う学校図書館事務員、除草や備品の整理修繕、その他雑務をおこなう用務員などで、どの職務も学校の運営上なくてはならない重要な仕事です。校長、教頭（副校長）などの管理者や、教員、その他の職員たちが連携を取ることで、学校の運営が成り立っています。

生徒の心にも深く関わる養護教諭の仕事

　養護教諭は保健室に常駐し、生徒の心身の健康をサポートする教諭のことです。一般的には「保健の先生」として親しまれています。生徒たちの怪我や病気の一時的な処置や、健康診断をおこなうのが主な仕事です。通常の教諭とは違い、生徒に直接授業で教えることはありませんが、健康に関する教育や性教育などについて指導することがあります。

　悩みを持つ生徒の相談を受けること、教室で授業を受けずに保健室へ通う生徒のフォローは重要な仕事です。いじめや対人関係の悩みなど、生徒はさまざまなストレスを抱えています。そのような生徒の心のケアをおこなうことも、養護教諭の重要な役割のひとつです。

職員たちの仕事内容

事務職員や用務員など、学校で働くすべての教員との協力・運営で、学校運営が成り立っています。

学校事務職員
学校の事務処理を幅広く処置

総務、服務、給与、福利厚生、財務管理、郵便物の仕分けや文書整理などの事務処理全般が職務。一般企業とは違い、広範囲に及ぶ事務処理を担当する。

学校給食調理従事員
栄養と衛生に気をくばった給食作り

おいしくて安全と栄養に気をくばった給食を生徒に提供するため、食品の検収、下処理や調理、配送などすべての工程を「学校給食衛生管理基準」に従って、調達・調理する。

学校図書館事務員
学校図書室の環境作りを担う

学校図書室における、図書の整理や貸し出しのほかにも、図書室運営の立案や、図書の購入、利用する生徒への指導など、図書室に関する仕事を担当する。

用務員
学校内外の環境整備をおこなう

学校の環境の整備や、その他の用務が仕事。校舎の掃除や、備品の管理や修繕、ゴミ処理、除草など、環境を美しく保つための雑務処理をおこなう。

学校で働く教職員たち

教員
- 校長　・副校長
- 教室
  - 主幹教諭／指導教諭
  - 教諭
  - 助教諭
  - 講師
- 保健室　養護教諭／養護助教諭

職員
- 図書室　　学校図書館事務員
- 給食室　　栄養教諭／栄養職員
　　　　　　学校給食調理従事員
- 用務室　　用務員／警備員
- 相談室　　スクールカウンセラー

校外
- 校医　・学校評議員　・学校運営協議会委員
- スクールソーシャルワーカー

1 教員の専門常識その1　中学・高校教員とは？

Chapter1　教員の専門常識その1　中学・高校教員とは?

職業高等学校

- 商業高校、工業高校、農業高校など、職業高等学校の特性を知る
- 職業高等学校の授業内容を把握する

実践的な教育で高い就職率

　職業高等学校とは、各業種における専門的な知識の習得を目的とした高校のことで、商業、工業、農業、水産などの職業教育を目的とした学科が中心になっています。就職と同時に即戦力につながる、実践的な専門教育がおこなわれています。そのため卒業後すぐに就職を希望する生徒の入学が多く、就職率が高いのが特徴です。

　職業高等学校は専門科目だけでなく、普通高校に比べると割合は低いですが、英語や数学、国語など普通科目の授業もあります。一方、商業科は進学を希望する生徒も多いので普通科目の割合が高く、大学の一般入試にも積極的な高校も増えています。

商業　経済やビジネスの知識を習得

　商業分野における、実践的な知識を身につけることが目的の高等学校です。商業高校というと、簿記や珠算のイメージが強いかもしれませんが、近年ではビジネス社会に即応するための授業も多くあります。マーケティングの仕組みや、商品開発、ビジネス経済、情報処理、ビジネスマナーなど、多岐におよぶ分野を学ぶため、社会での即戦力が身につきます。

工業　工業・産業の知識や技術が身につく

　実習、研究、図面の作成などを通じて、ものづくりに関する理論と実技を学ぶことが目的の高等学校です。建築、機械、電気、化学、デザインなど、多くの学科があります。近年ではITの普及もあり「情報技術」や「プログラミング」など、エレクトロニクス系の比率も増えています。工業高校で学んだ技術を生かして、ロボットコンテストやソーラーカーラリーなどの大会で活躍する生徒もいます。

農業　農業の専門知識や技術を習得

　農業についての技術や知識を習得することが目的の高等学校です。近年では農業経営の多様化に合わせて、農業科、畜産科、園芸科など従来の学科のほかに、生産技術科や食品ビジネス科などの新しい分野の学科が設けられ、時代に即した授業がおこなわれています。文化祭での農産物販売や定期的な花の販売、田植祭や収穫祭など、農業高校ならではの行事も多くあります。

水産　水産業に関する知識や技術が身につく

　水産業に関する技術や知識を習得することが目的の高等学校です。遠洋漁業、養殖漁業などに関する授業や、航海訓練などもあります。近年ではバイオテクノロジーによる品種改良や養殖などに、注目が集まっています。真珠を養殖してアクセサリーを作る授業や数週間の遠洋航海に出る授業など、水産高校でしか経験のできない授業も多く用意されています。

MEMO：特色のある職業高等学校

　例えば、山梨県の日本航空高校は、国内でも希少な「航空科」がある高校です。学園敷地内に滑走路があり、航空に関する実践的な技術を学ぶことができます。また、東京都の上野にある岩倉高等学校は数少ない鉄道学校で「運輸科」が設置されています。卒業生の半数以上は鉄道業界に就職しています。

1　教員の専門常識その1　中学・高校教員とは？

中学・高校教員とは？
理解度チェック問題

問1 次の文章は、日本国憲法の教育に関する条項を抜粋したものです。❶～❹で、正しいほうに○をつけなさい。

第二十条3　宗教教育の禁止
国及びその機関は、宗教教育その他いかなる❶（宗教的活動・政治的活動）もしてはならない。

第二十三条　学問の自由
学問の自由は、これを❷（認可・保障）する。

第二十六条　教育を受ける権利
すべて国民は、法律の定めるところにより、その❸（能力・資質）に応じて、ひとしく教育を受ける権利を有する。
　2　すべて国民は、法律の定めるところにより、その保護する子女に普通教育を受けさせる❹（権利を有する・義務を負ふ）。義務教育は、これを無償とする。

問2 ❶～❹は教員のキャリア形成について記したものです。適切な順番に並べ替えなさい。

❶ 授業を工夫し、より伝わりやすくする。

❷ 今まで培ったものを発揮するとともに、その経験を後輩に伝える。

❸ 教員としての1年間の流れをつかむ。

❹ 授業や学級経営がしっかりとできるようにする。

答え

問1 ❶ 宗教的活動　❷ 保障　❸ 能力　❹ 義務を負ふ　問2 ❸→❹→❶→❷（25ページ参照）

問3　以下の学校教員の役割について、正しいものは○、間違っているものは×を記しなさい。

❶ 主幹教諭は、校長、教頭などの管理職を補佐し、管理職の命により、各種校務のとりまとめをおこなう。

❷ 学年主任は学級担任の学年ごとのリーダーで、各学年の教育活動における連絡や調整および、指導助言などをおこなう。

❸ 非常勤講師は担当の教科のみを受け持ち、どの学校でも校務分掌への参加が義務づけられている。

❹ 事務職員は、総務や服務、来客の対応など、さまざまな事務処理をおこなう。

❺ 学校図書館事務員は図書室の運営を担い、図書購入や利用する生徒への指導などをおこなう。

❻ 用務員は学校内の環境整備や、その他用務の仕事を受け持つ。具体的な業務内容は、校舎の掃除や備品の管理・修繕、ゴミ処理、除草など。

❼ 学校給食調理従事員は、おいしくて安全な給食を生徒に提供するため、食品の検収、下処理や調理、配送などを「食品衛生管理法」に基づいて調達・管理する。

❽ 養護教諭は保健室に常駐し、生徒の心身の健康をサポートする。原則、授業は受け持たず、健康に関する教育や性教育などの指導をおこなう。

答え

問3 ❶○　❷○　❸×（基本的に校務分掌への参加は義務づけられていない）　❹○　❺○
❻○　❼×（「食品衛生管理法」ではなく「学校給食衛生管理基準」）　❽○

 以下は教育に関する法律の条文です。それぞれどの条文にあたるのか、該当する法律を下の欄から選びなさい。

❶ 第三条
国民一人一人が、自己の人格を磨き、豊かな人生を送ることができるよう、その生涯にわたって、あらゆる機会に、あらゆる場所において学習することができ、その成果を適切に生かすことのできる社会の実現が図られなければならない。

❷ 第四条－1
すべて国民は、ひとしく、その能力に応じた教育を受ける機会を与えられなければならず、人種、信条、性別、社会的身分、経済的地位又は門地によって、教育上差別されない。

❸ 第三十条
すべて職員は、全体の奉仕者として公共の利益のために勤務し、且つ、職務の遂行に当たっては、全力を挙げてこれに専任しなければならない。

❹ 第三十三条
職員は、その職の信用を傷つけ、又は職員の職全体の不名誉となるような行為をしてはならない。

❺ 第四十五条
中学校は、小学校における教育の基礎の上に、心身の発達に応じて、義務教育として行われる普通教育を施すことを目的とする。

| 教育基本法　　　学校教育法　　　地方公務員法 |

問4 ❶ 教育基本法　❷ 教育基本法　❸ 地方公務員法　❹ 地方公務員法　❺ 学校教育法

問5 以下の職業高等学校に関する文章で、正しいものに○、間違っているものに×をつけなさい。

❶ 商業高校は、商業分野における実践的な知識を身につけることが目的の高等学校である。

❷ 職業高等学校では英語や数学、国語といった普通科目の授業もおこなわれるが、あくまで専門科目が中心のため、普通科目はどの学校でも選択制になっている。

❸ 商業高校では、就職よりも大学進学を選択する人の割合が年々低下している。

❹ 商業高校ではマーケティングの仕組みや商品開発、ビジネス経済、情報処理、ビジネスマナーなど、多岐に及ぶ分野を学び、社会に出た際の即戦力をめざす。

❺ 商業高校ではプログラミングなど、エレクトロニクス系を専門的に学ぶ。

❻ 工業高校は実習、研究、図面の作成などを通じて、ものづくりに関する理論と実技を学ぶことを目的とした高等学校である。建築、機械、電気、化学、デザインなど、さまざまな学科が用意されている。

❼ 農業高校の学科は農業科、畜産科、園芸科の3種類しかない。

❽ 水産高校ではバイオテクノロジーによる品種改良や養殖などがおこなわれ、真珠を養殖してアクセサリーを作る授業や、数週間の遠洋航海に出る授業など、水産高校でしか経験のできない授業も多く用意されている。

答え

問5 ❶ ○ ❷ ×（選択制にはなっていない） ❸ ×（「年々低下している」は誤り） ❹ ○ ❺ ×（エレクトロニクス系は工業高校で専門的に学ぶ） ❻ ○ ❼ ×（農業技術の多様化に合わせて、新しい学科も設けられている） ❽ ○

Column 2

グローバル教育について

▶ 国際人を育成するための取り組み

　社会の国際化にともない、学校でもグローバルな視点を持った教育の必要性が叫ばれています。ひと言で「グローバル教育」といっても、単に英語などの外国語のスキルを伸ばすだけではありません。異なる文化や習慣、価値観を理解するという狙いもあります。

　英語の習得はグローバルスタンダードになり、現在では英語で何を伝えるのか、人間力まで見られるようになっています。そのため、人間力を磨くための教育もおこなわれています。

　文部科学省が、真のグローバルリーダーを育成するために開始したのが「スーパーグローバルハイスクール（SGH）」制度です。これは一部の高校と中高一貫教育校を対象にしたもので、初年度の2014年（平成26）には56校が選定されました。SGHの指定は原則5年間で、この間にグローバルリーダーに必要なコミュニケーション能力、問題解決力、社会課題に対する関心や教養といった要素を伸ばすための教育が積極的におこなわれており、1校あたり上限1600万円の支援を国から受けることができます。

グローバル教育の具体的な事例
- 宿泊研修や研修旅行で行動力を養い、見識を深める
- ネイティブ教師主導の英語授業
- 海外研修でホームステイ
- 英語によるスピーチ、ディスカッションなどの実施
- 帰国子女や外国人生徒の積極的な受け入れ

Chapter 2

教員の専門常識その2

中学・高校教員の待遇

給与や休暇など、Chapter2では中学校・高校の教員の待遇について紹介していきます。公立学校の教員は公務員なので、福利厚生や年金・退職金なども手厚いです。各種サービスや補助を提供する共済組合や互助会について、今のうちから知っておくとよいです。

> 給与と諸手当、休暇の種類（年次有給休暇や病気休暇）など、中学・高校教員の待遇を説明します。子育て支援に手厚い待遇があるので、女性でも安心して働くことができます。

Chapter2 教員の専門常識その2　中学・高校教員の待遇

給与と待遇

- 「級」と「号給」で給与が決定する
- 毎月の基本給に加え、さまざまな手当が支給される

給与は「級」と「号給」できまる

　公立学校の教員の給与は、地方公務員の給与と同じように級と号給で決まります。級と号給に基づいた給与表は職種で異なり、公立の小学・中学校教員の給与は人材確保法（義務教育の水準維持と向上のために制定）により、一般行政職と比較して高めに設定されています。

　級は試験を受験し、任用されると昇格します。号給は、通常毎年1号ずつ昇給します。地方自治体によっては、職員の給与表が公開されている場合もありますから、気になるようであれば確認しましょう。

　また教育職員には、一般企業の時間外手当（残業代）にあたるものはありません。その代わりになっているのが教職調整額です。勤務時間の長短に関係なく、手当を除いた給与の4％を基準に、各都道府県が定める割合の金額を支給されます。

公立と私立 教員の給与形態の違い

公立	都道府県の条例に基き、各都道府県の教育委員会によって決定
私立	それぞれの学校の基準によって決定

教員の平均給与額

小・中学校教育職
(単位:円)

合計	393,355
給料	368,546
扶養手当	7,228
地域手当	17,581
3年以上5年未満	238,734
7年以上10年未満	286,862
15年以上20年未満	373,204
25年以上30年未満	417,780
35年以上	432,626

高等学校教育職
(単位:円)

合計	413,027
給料	385,138
扶養手当	10,531
地域手当	17,358
3年以上5年未満	238,398
7年以上10年未満	286,032
15年以上20年未満	376,030
25年以上30年未満	424,971
35年以上	425,568

※総務省「地方公務員給与実態調査」平成25年度

給与以外のおもな手当

※東京都の場合

●地域手当
大都市など生活費がかかる地域で勤務する際に支給される。地域によっては月額の10%ほど支給される場合もある。

●住居手当
管理職を除いて年度末時点の年齢が35歳未満で、月額1万5000円以上の家賃を払っている場合、1万5000円が支給される。

●扶養手当
配偶者の扶養で1万3500円、配偶者以外の扶養親族1人につき6000円、16～22歳の子がいる場合はさらに1人あたり4000円が加算される。

●通勤手当
交通機関利用者(列車やバスなど)の場合、1カ月あたりの支給限度は5万5000円で、原則6カ月の定期券額を支給。交通用具使用者(自動車、自転車など)は、通勤距離に応じて原則6カ月分を一括支給。

●その他
退職手当、期末・勤勉手当、管理職手当、初任給調整手当、特殊勤務手当、超過勤務手当、夜勤手当、宿日直手当など。

Chapter2　教員の専門常識その2　中学・高校教員の待遇

休暇の種類

- 年次有給休暇や病気休暇など、教員の休暇の種類を知っておく
- 子育て支援に厚い待遇を把握しておく

休暇と休業の違い

　教員が職務を離れて休みをとる制度には、休暇と休業があります。休暇は連続して1週間程度の有給休暇で、休業は数カ月、数年が予定される休みのことです。

　休暇には年次有給休暇、病気休暇、介護休暇、特別休暇があります。休業は通常、介護休業、育児休業があります。各自治体により異なりますが、そのほか、配偶者同行休業（海外勤務の配偶者に同行するための休業）や自己啓発等休業（国際貢献活動や、教員の能力開発に役立てようと大学課程を履修するための休業）などがあります。

さまざまな種類がある育児関連の休暇

　子育てに関係する休暇制度は、職務と子育てを両立する上でとても重要なので今のうちから知っておくとよいです。一般企業と比較すると、公立教員の出産・育児に関係する休暇制度は、充実しているといえます。育児休業に関しては、代理の教員が必ず雇用されるので、不在中の職務に気をもむ必要はありません。

　また一般企業では通常、妊娠や出産に関わる休暇は妊娠出産休暇のみというケースが多いですが、産休では全額が、1年間の育休では給料の60％程度が保障されます。

休暇の種類例

● 年次有給休暇（年休）
1年につき20日（4月採用新任教職員は15日）で、1日・半日・1時間を単位に取得できる。また年休は20日を限度として、翌年に繰り越すことができる。年休をどのように利用するかは労働者の自由で、労働基準法第百三十六条では「使用者は年休を取得した労働者に対して、不利益な取扱いをしないようにしなければならない」と定められている。

● 病気休暇
負傷や疾病で療養が必要になり、勤務ができなくなるときに認められる休暇（有給）。最大90日（結核性疾患の場合は1年）まで給与が全額支給される。病気休暇の取得後、なお療養が必要な場合は病気休職に入る（期間は最長3年）。

● 特別休暇
出産や忌引き、子育て、結婚など、特別な事由で勤務できないときに認められる休暇（有給）。結婚休暇、産前・産後休暇、育児休暇、男性育児休暇、忌引休暇、夏季特別休暇などがある。

出産・育児のための休暇早見表

休暇の種類	妊娠	出産8週間前	出産4週間前	出産	出産2週間後	出産8週間後	1歳まで	2歳3カ月まで	3歳まで	小学校就学前	中学校就学前
休憩又は補食休暇	休憩又は補食休暇										
妊婦の通勤緩和休暇	妊婦の通勤緩和休暇										
妊娠障害休暇	妊娠障害休暇										
妊産婦の健康診査等休暇	妊産婦の健康診査等休暇										
産前・産後休暇		産前休暇			産後休暇						
男性の育児参加休暇		男性の育児参加休暇									
男性の出産補助休暇			男性の出産補助休暇								
育児時間					育児時間						
育児休業					育児休業						
部分休業					部分休業						
育児短時間勤務					育児短時間勤務						
子どもの看護休暇					子どもの看護休暇						
介護休暇・介護欠勤・短期の介護休暇					介護休暇・介護欠勤・短期の介護休暇						
育児・介護のための時差出勤					育児・介護のための時差出勤						

※大分県教育委員会「学校職員子育て支援のための休暇制度等一覧」より作成

Chapter2　教員の専門常識その2　中学・高校教員の待遇

共済組合と互助会

- 教職員の福利厚生に関する事業をおこなっている共済組合について知る
- 互助会の事業を理解する

共済組合（公立学校共済組合）

　教員と教員の家族のための福利厚生には、地方公務員等共済組合法に基づき加入が義務づけられている共済組合（公立学校共済組合）と、任意加入の互助会があります。共済組合は独立行政法人で、全国的規模の組織です。

　教員へ、年金、介護、保険、休業、災害などで支払う事由があったときに支払われる給付金の原資となる掛金が、給与から自動的に引き落とされます。月々の給与や、賞与から支払う掛金は4種類（長期掛金、短期掛金、介護掛金、福祉事業掛金）に分かれていて、給与に対する割合の合計で支払う金額が算出されます。

公立学校共済組合のしくみ

給付事業

給付事業
短期給付事業（保険給付、休業給付、災害給付）と長期給付事業（退職給付、障害給付、遺族給付）がある。

福祉事業
健康の保持増進など、組合員の福祉の向上に資することを目的とした事業を行う。病院の運営、住宅融資、一般融資、保険事業、宿泊施設など。

教員（組合員） ← 給付サービス
教員（組合員） → 掛金（給与、ボーナス）

各種サービスを提供する互助会

公立学校教員に対する福利厚生にはもうひとつ、**互助会**があります。政令市・都道府県ごとに設置され、共済組合と同じように、加入した教員の給与から毎月引き落とされます。**会員からの月々の掛金と、都道府県からの補助金が原資**になっています。

互助会が会員に提供する給付事業やその他の事業は、運営する都道府県によって、内容が異なります。

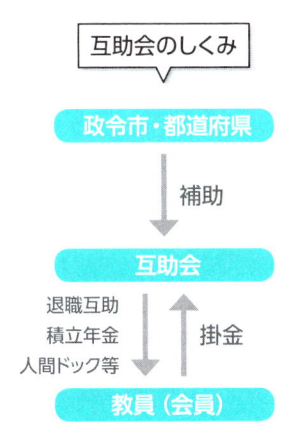

互助会のしくみ

政令市・都道府県
↓ 補助
互助会
↑↓ 退職互助・積立年金・人間ドック等 / 掛金
教員（会員）

互助会からの給付例

- **弔慰金**
  会員が亡くなったとき、遺族に給付される。

- **結婚祝金**
  結婚した会員に、祝い金が支給される。

- **見舞金**
  疾病・傷害による休暇をとって治療したときに支給される。

- **退会金**
  退会したときに、納入掛金（拠出金）に応じて給付される。

- **退会慰労金**
  会員期間が10年以上だった場合、退会時に会員期間に応じて支給される。

- **その他**
  育児補助金、遺児給付金、入学祝金、医療費補助金、互助年金など。

互助会のさまざまな事業

- **互助年金事業**
  退職後の安全で確実な運用をはかる年金制度。

- **積立年金事業**
  現職の期間中に積立をする個人年金制度。

- **医療互助事業**
  現職の期間中に積立をして、退職後の医療費に備える制度。

- **教育振興事業**
  子どもの育成に努力する個人やグループを支援する。

- **健康増進事業**
  歩く会、ハイキングツアーなど、会員の健康増進に関わる事業。

- **相談事業**
  確定申告や資産運用、法律関係、講師の派遣など。

Chapter2　教員の専門常識その2　中学・高校教員の待遇

労働組合と退職金・年金

● 労働条件や待遇面の改善を要求する労働組合のしくみについて
● 労働組合の現状と、メリット・デメリットを知る

労働組合を知る

　教員が本来の役目である教育に専念できるように、教育環境を整える活動をするのが労働組合です。長時間労働の禁止、賃金アップなどの労働条件の改善をすることを目的に、教育委員会と交渉します。また、組合員同士で、学校教育が直面している問題に関する研修会を開催することもあり、教員の抱えている問題と打開策を話し合います。

　参加すると教育に対する問題を考えるきっかけになりますが、「政治色が強すぎる」、「組合費が高すぎる」、「自分の信念とは違ったことを要求される」というマイナス面もあり、加入者は減少傾向にあります。加入は任意なので、メリットとデメリットを考えて参加の可否を決めましょう。

👉 おもな教員の労働組合

- **日本教職員組合（日教組）**
  日本最大の教職員組合で1947年結成。教員組合の中でもっとも規模が大きいが、加入率・新採加入率は低下の一途をたどっている。

- **全日本教職員組合（全教）**
  1989年に日教組から離脱したあと、1991年に新組織となって発足した団体。原則的に組合員の政治活動は自由。

- **全日本教職員連盟（全日教連）**
  日教組に批判的な教職員団体が集結し、1984年に発足した団体。「美しい日本人の心の育成」をスローガンにしている。

教員の退職金と年金

退職金は、勤務した公立学校の都道府県から支給されます。支給額は、勤続年数と退職時の給与から算出されますが、勤続年数が長ければ長いほど高額になります。東京都の場合、最大で給与の45カ月分に退職手当調整額が加算された額が支給されます。

年金は老齢基礎年金のほか、教員になったときに加入した共済組合や、互助会に積み立てた掛け金を年金として受け取ります。

共済年金と厚生年金の一元化

平成27年10月から共済年金と厚生年金が一元化され、公立学校の教職員も厚生年金に加入しました。

階層	一元化前		一元化後（平成27年10月以降）	階層
3階部分	[職域部分]	→	年金払い退職給付	3階部分
2階部分	退職共済年金 [報酬比例部分]	→	老齢厚生年金	2階部分
1階部分	老齢基礎年金	→	老齢基礎年金	1階部分

MEMO：「年金払い退職給付」について

共済年金と厚生年金が一元化したことで、共済年金の「職域部分」は廃止されました。その代わり、新しく創設されたのが「年金払い退職給付」です。

地方公務員の退職給付の一部に該当し、民間の企業年金に相当します。将来の年金給付に必要な原資をあらかじめ保険料で積み立てる「積立方式」を採用し、国債利回りなどに連動する形で給付の水準を定める「キャッシュバランス方式」で年金の支給額を決めます。

中学・高校教員の待遇 理解度チェック問題

問1 次の文章は、教員の手当について述べたものです。あてはまるものを下のA〜Jから選びなさい。

❶ へき地教育の振興のため、へき地学校に勤務している教職員に対して支給される。

❷ 管理または監督の地位にある校長、教頭、部主事に支給される。

❸ 大都市など生活費がかかる地域で勤務するときに支給される。

❹ 配偶者やそれ以外の扶養親族がいる場合に支給される。

❺ 一定額以上の家賃を払っている教員に対して支給される。

❻ 通勤の際に交通機関（列車、バスなど）を利用している人、交通用具（自動車、自転車など）を使っている人に支給される。

❼ 部活動の業務に従事したときに支給される。1日あたり数千円支払われることが多い。

❽ 正規の勤務時間として、深夜に勤務することを命じられた教職員に支給される。

A. 管理職手当　B. 地域手当　C. 扶養手当　D. 期末・勤勉手当
E. へき地手当　F. 通勤手当　G. 部活動手当　H. 夜間勤務手当
I. 住居手当　J. 単身赴任手当

答え

問1 ❶E ❷A ❸B ❹C ❺I ❻F ❼G ❽H

問2 次の文章は教員の給与について記したものです。❶〜❹に関して、正しいほうに○をつけなさい。

公立学校の教員の給与は、地方公務員の給与と同じように❶(級・号)と❷(等級・号給)で定められています。そして、❸(都道府県の条例・教育基本法)に基づいて決定します。一方、❹(地方公務員・民間人)である私立学校の教員は、給与額が各学校で個別に設定されています。

問3 次の各文は、それぞれ「共済組合」「互助会」のどちらについて述べたものか答えなさい。

❶ 公立の教員であれば、誰もが加入しなければならない。

❷ 各都道府県の条例に基づいて設置された団体で、加入は強制でなく任意となっている。

❸ 月々の給与や賞与から支払う掛け金は、4種類（長期掛金、短期掛金、介護掛金、福祉事業掛金）に分かれており、それぞれの給料に対するパーセンテージの合計で、支払う額が決められる。

❹ 事業内容は、都道府県や財務状況によって異なる。

❺ 事業を行う費用は、会員から毎月支払われる費用と、都道府県からの補助によって成り立っている。

答え
問2 ❶級 ❷号給 ❸都道府県の条例 ❹民間人
問3 ❶共済組合 ❷互助会 ❸共済組合 ❹互助会 ❺互助会

問4　以下の文章が正しければ○、間違っていれば×をつけなさい。

❶ 年次有給休暇（年休）は、1日・半日のほか、1時間単位でも取得することができる。

❷ 年休は、ある日数を限度として翌年まで繰り越せることが、地方公務員法に定められている。

❸ 年休をどのように過ごすかは、必ず事前に管理職の教諭に報告しなければならない。

❹ 労働組合法第百三十六条には、「使用者は年休を取得した労働者に対して、不利益な取扱いをしないようにしなければならない」と定められている。

❺ 負傷や疾病で療養が必要になり、勤務できなくなるときに認められる休暇を病気休暇といい、一定日数が過ぎてもなお療養が必要な場合は、病気休職（休業）に入る。

❻ 出産・育児休暇は女性しか取得できない。

❼ 介護休暇は、介護の対象者が継続する状態ごとに最長6カ月取得することができる。

❽ 出産の産前休暇は認められているが、産後休暇は一切認められていない。

❾ 一般企業の社員よりも、公立教員の出産・育児に関する休暇制度は充実している傾向にある。

答え

問4　❶ ○　❷ ×（地方公務員法では定められていない）　❸ ×（年休の過ごし方について、事前報告する義務はない）　❹ ×（労働組合法ではなく労働基準法）　❺ ○　❻ ×（男性も取得可）　❼ ○　❽ ×（産後休暇も取得可）　❾ ○

問5 次の文章は、教員の手当について述べたものです。明らかに誤っているものをA〜Cから選びなさい。

❶ 労働組合は、教員が本来の役目である教育に専念できるように、A. 教育環境を整える活動を行う役目を担っている。B. 教育委員会と交渉するほか、組合員同士で研修会を行うこともある。組合に参加する教員の数は、年々 C. 増加傾向にある。

❷ 退職金は、A. 勤続した公立学校の都道府県から支給される。支給額は B. 勤続年数と、C. 最高値の給料額から算出される。退職金は勤続年数が長ければ長いほど高額となる傾向にある。

❸ 年金は、在職中に自分が受け取る額を積み立て、A. 退職後に一定額を受け取るものである。積立額が多くても、受け取る年金額は B. 一定になっている。基本的には、教員の年金は民間よりも C. 高い傾向にある。

❹ 2015年（平成27）10月から A. 共済年金と B. 厚生年金が一元化され、公立学校の教職員も厚生年金に加入する。ただし、C. 厚生年金への加入は任意である。

❺ 年金払い退職給付とは、2015年（平成27）10月以降に導入される、公務員年金の掛け金が A. 給料に比例して加算されて算出される部分のこと。民間企業の企業年金にあたる。B. 掛け金の2分の1を国が負担、2分の1を教員自身の給料からの差し引きで積み立てる。年金支給額は C. キャッシュバランス方式（国債の利回りや、予想死亡率を連動させ、積立金額と支払われる金額に、大きな差がない）で決定する。

答え

問5 ❶ C（労働組合に加入する教員の数は、年々減少傾向にある）　❷ C（正しくは退職時の給料額）　❸ B（積立額が多いほど、受け取る年金額も増える）　❹ C（厚生年金への加入は任意ではなく強制）　❺ B（国ではなく都道府県が負担）

Column 3

教員の服装について

▶ 場面に応じた格好を心がける

　教員は、生徒の模範となるべき存在です。そのため、教員自身がだらしない格好で生徒の服装の乱れを指摘しても、何の説得力もありません。学校では清潔感ある身なりを基本に、場面に応じた服装をするようにしましょう。

　授業の場では、男性教員は背広にネクタイ着用など、きちんとした格好を心がけるようにします。一方、女性教員の服装はスーツやカーディガンなど人によってさまざまですが、派手なメイクや露出が多い服などは控えるようにしましょう。体育の授業や部活動など、身体を動かすときには、ジャージなど動きやすい服装を着用しますが、ジャージでも清潔感が大事です。汗をかいたときに備えて2～3着は用意しておきましょう。

　学校はあくまで"職場"ですので、職場にふさわしい格好をすることが、保護者や生徒との信頼関係を築くことにつながります。

Chapter 3

教員の専門常識その3
中学・高校教員の仕事

教員の仕事は、授業での学習指導だけではありません。担任は学級経営を行い、生徒や保護者と向き合う必要があります。また校務分掌では生徒指導や進路指導、教育課程の編成など、教員は学校運営に携わる仕事もこなします。

> 中学校・高校の教員が、授業以外にどのような仕事を行っているのか。学級経営や校務分掌など、仕事の全容を把握することで、実際の教員像が浮かび上がってくるはずです。

Chapter3　教員の専門常識その3　中学・高校教員の仕事

教員の仕事について

- 教員がどのような仕事をしているのかを理解する
- 教員の仕事には学習指導や生徒指導、研究・研修などがある

重要な学習指導

　中学・高校教員の中心的な職務は、教科担任制の学習指導で、教員は専門教科を指導します。中学校では小学校と比較して専門性が高まり、より高度な内容を教えることになります。一方、高校の科目は、より細分化しています。高校教育では、大学で扱うさらに**専門性の高い教育に向けての基礎固め**という位置づけにあるからです。そのため、高校の教員は、さらに高い専門分野を研究する前提の土台を構築できるよう学習指導していかなければなりません。

学習指導以外の職務

　学習指導以にも学級担任や部活動の顧問などの職務もあり、中学・高校教員は多忙です。部活動の顧問では、まったく知識のない分野の顧問になることもありますが、実技指導があまりできなくてもメンタル面でサポートすることはできます。

　学校の方針によって異なりますが、中学・高校教員は、始業後に職員による打ち合わせ、学級活動で担当学級の生徒の出欠を取ります。そして日中は授業を担当し、下校前の学級活動や掃除、顧問をしている部活動の指導をします。

　生徒の下校後は、保護者への連絡、明日の授業への準備、学校運営のための仕事をして、その日の業務が終了します。

教員のおもな仕事（中学校の場合）

学習指導

教科指導
1. 教材研究、授業、宿題、試験問題づくり、印刷、採点、評価、評定、記録
2. 研究授業、教材開発、年間指導計画、評価の要点、教科係生徒指導、打ち合わせなど

道徳指導
1. 指導計画の作成、授業、家族や地域社会との連携、評価
2. 全教育活動における道徳教育の推進、充実
3. 道徳用教材の整備、充実、活用
4. 道徳教育の情報提供や情報交換

総合的な学習の時間
1. 教材研究、授業、宿題、指導案づくり、印刷、評価、所見、記録
2. 研究授業、教材開発、年間指導計画、評価の要点、教科係生徒指導、打ち合わせなど

特別活動

学級・ホームルーム活動
1. 班長会、プロジェクトチーム、ボランティア活動、係活動、教科係活動、朝と帰りの学級活動、給食指導、掃除指導、提出物、忘れ物、いじめ、喧嘩、提示物、名前シール、下駄箱管理指導
2. 学級通信、指導要録、指導抄本、通知表などの作成

生徒会・専門委員会
1. 「生徒総会、生徒会、ボランティア活動、図書室管理、放送室運営、生活チェック、学校美化、衛生管理などの委員会指導、朝礼運営、生徒会主催行事」などの企画、立案、運営、指導、片付け、反省

学校行事・儀式
1. 「入学式、卒業式、始業式、終業式、遠足、移動教室、修学旅行、体育大会、合唱コンクール、文化祭、地域訪問、家庭訪問、職業体験、芸術鑑賞会、球技大会、水泳大会、マラソン大会、百人一首大会、ディベート大会、討論会」などの企画、立案、運営、指導、片付け、反省

生徒指導

生徒・生活指導
1. 喫煙、飲酒、薬物、不純異性交遊、危険物持ち込み、万引き、窃盗、暴力などへの対応
2. いじめ、からかい、喧嘩、盗難などへの対応
3. 家庭への協力、アドバイス、保護者指導、三者面談
4. 地域教育団体への協力と支援

進路指導
1. 高校訪問、高校からの訪問の応対
2. 校内用の資料づくり、資料配布、資料掲示
3. 高校教員による模擬授業会
4. 二者面談、三者面談
5. 高校提出用の書類づくり
6. 卒業証書制作

外部との連携	❶ カウンセリング、相談への対応 ❷ 警察、医療機関、福祉施設、保健所などとの連携 ❸ 学校カウンセラーとの連携

学校運営

学年・ 学級運営	❶ 学年会、経営委員会	担当委員会	❶ 専門委員会…体育的行事委員会、文化的行事委員会
担当 校務分掌	❶ 教務、生活、保健、事務、美化などの委員会 ❷ パソコン室管理、図書室管理、保健室管理など		❷ 特別委員会…IT推進委員会、道徳研究委員会、国語力向上委員会など ❸ 学校評議会

研究・研修

校内研修・ 校外研修	❶ 単年度、3カ年などの単位で、校内の課題を解決するための研修を、企画立案、運営、反省という流れで研修会を開き、職員の質的向上をはかる ❷ 報告書の作成 ❸ 職場を離れて、夏休みなどに教育センターなどで研修を受ける ❹ 初任者研修、5年次研修、10年次研修、キャリアアップ研修、長期派遣研修、14条特例研修などもある
授業研究	❶ 各教員が自らの課題を設定し、新しい授業方法の開発などを目標に行う研究
指定研究	❶ 国、都道府県、市などの教育委員会から委託された研究を、学校全体で行っていく研究。企画立案、運営、発表会などがある

その他

PTA	❶ 研修、地域、会報などの部に分かれて、保護者が学校運営に関わるものに、教員としても参加する ❷ 地域で行われる夏祭りの見回り、盆踊りへの参加やボランティア活動への参加など

MEMO : 3学期制と2学期制の違い

　1年間を3学期に分ける3学期制が主流でしたが、最近は1年間を前期・後期で分ける2学期制を採用する学校が増えています。2学期制にすることで評価業務や定期テストの回数が減るので、教員の負担が軽くなります。その分、学習指導に集中できるので、授業の質の向上が期待できます。

4月のスタートダッシュが重要

　学級担任に重要なのは、最初の1カ月(4月)の過ごし方です。行事が立て込んでいるなか、クラスをとりまとめていかないといけません。とくに学級のルールを作るなどの最初の段階でつまずくと、クラスの規律が乱れるおそれがあるので、計画をしっかりと立てましょう。

4月におこなう仕事

- **始業式前の準備**
  担任が決まってから始業式までの間に、時間割の作成や提出物の準備、学級通信の作成などを済ませておきます。

- **授業計画を立てる**
  1年間の授業計画を、綿密に立てていきます。スタートでつまずくと、その後の1年間尾を引いてしまう可能性があるので、準備を怠らないようにしましょう。

- **授業参観・保護者会**
  保護者に対して、担任の教育方針を知ってもらう最初の機会です。保護者との信頼関係を築き、不安をなくしていきます。

- **座席・当番決め**
  座席や当番、係の担当などを決めるときは、くじ引きや挙手制など、生徒が納得できる公平なやり方で決めるようにします。

- **始業式・入学式**
  生徒たちの自己紹介のほか、担任の1年間の方針を具体的に述べます。事務連絡も多くなるので、学級通信などにまとめておくとよいです。

- **関係作り**
  子どもと先生の関係もですが、子ども同士がいろいろな人と話しやすい空気を作るレクや語りを考えます。

MEMO　学級活動で生徒の様子を観察する

　朝と帰りの学級活動は、学級担任にとって、生徒とふれあう貴重な時間です。教科担任制なので、授業がなければ担任の生徒とは会いません。ですから、学活の時間に、生徒の様子をしっかりと観察しましょう。

　朝の学級活動は1日が始まる時間帯らしく、元気よく授業に送り出せるといいでしょう。帰りの学級活動は、総括としてその日にあったこと、とくにトラブルがあったら、それについて話し合うことも必要です。

朝の学級活動の流れ
❶ あいさつ
❷ 出欠の確認
❸ 連絡事項
❹ 委員会や係からの連絡
❺ 担任からの話
❻ 終わりのあいさつ

帰りの学級活動の流れ
❶ 翌日の連絡事項
❷ 委員会や係からの連絡
❸ 担任からの話
❹ 終わりのあいさつ

Chapter3　教員の専門常識その3　中学・高校教員の仕事

学級指導

- 中学・高校の学級担任の役割について理解する
- 学年別に注意すべき指導のポイント

中学校　心や身体が変わる不安定な時期

　中学生は心身が急速に発達する思春期を迎え、その過程で生徒の心はより不安定になりやすくなります。一方で、小学校よりも担任が生徒と関わる時間は短くなり、また、関わる教員の数も多くなるので、多くの教員と協力しながら、一丸となって生徒たちと接していく必要があります。そのため、教員同士の意識や情報が共有されていないと、生徒に対してのフォローの難しい面が中学教育にはあります。

　中学校での3年間は、社会生活を送るために必要な態度、行動の作法を身につけさせるための大事な時期です。そのため、授業だけでなく部活動や行事、生徒会活動などを通して、自主性や社会性を育てる必要があります。また、人間関係の面においても、部活動などで先輩や後輩との上下関係を学んでいきます。社会性を身につけるための訓練ともいえます。

学年別の指導ポイント（中学校）

1年生	学校のシステムが小学校とは変わり、授業の内容も高度になるにつれて、不登校などになる「中1ギャップ」が問題視されています。教員は生徒を注意深く観察し、抱えている不安を解消させるように取り組むことが必要です。
2年生	大人と子どもの分かれ目の時期で、ある程度の社会性も身についてくる時期です。また、生徒会や部活動などでは、引っ張っていく立場となり、責任感も求められるようになります。
3年生	9年間の義務教育の集大成にあたり、学校ではリーダーとしての役割を担います。また、高校受験など、自らの進路を選ぶ時期にあたります。教員は生徒の進路を一緒に考え、導いていく必要があります。

高校 高度な専門性が求められる

　高校は中学校に引き続き教科担任制で、教科がさらに細分化されます。そのため、授業ではより専門性が求められるようになり、教員としての指導力が問われるようになります。

　生徒指導では、生徒が社会の一員であることを自覚し、人間性や社会性を伸ばしていくようにします。その一方で、高校は義務教育ではないので、卒業を待たずに退学する、退学させられる生徒もいるということを踏まえておかなければなりません。

　そして高校では、社会で一人前にやっていくためのキャリア教育、さらには進学・就職に向けての進路指導も重要になってきます。高校卒業後の進路は生徒の人生を左右するので、教員は責任をもって進路指導に取り組む必要があります。

学年別の指導ポイント（高校）

1年生 高校受験が一段落したことで、勉強に対する意欲が失われがちです。そのため、授業をしっかりと受け、家庭学習も充実させて、学ぶ姿勢を身につけられるようにします。

2年生 自分の将来を見越した人生設計を考えるなど、キャリア教育をまとめて3年生の進路選択につなげていきます。学習面でも、3年生の時期に備えて学力を定着させるようにします。

3年生 自ら考えたり、行動したりして、高校卒業後の進路を決定します。生徒や保護者とよく話し合い、最終的には生徒本人に自分の進路を選ばせるようにします。

MEMO　副担任の役割とは？

　学級担任には数多くの業務があるので、副担任が置かれることがあります。副担任は初任の教員がつくことが多く、担任を任せるまでに至らないと判断される場合は、2年目も副担任を任されることがあります。
　副担任は学級担任のサポートを担当し、担任が出張などで休んだときは、代わりに朝・帰りの学級活動に出席します。また、小テストなどで担任の教員が採点する時間がないときなどは、副担任が採点して担任に渡すこともあります。

Chapter3　教員の専門常識その3　中学・高校教員の仕事

職員室での過ごし方

● 職員室における仕事と振る舞い方を知る
● 職員室でのコミュニケーションでは「報・連・相」が大事

授業のない時間の過ごし方

　中学・高校の教員は授業のない時間帯もあります。授業がないからといって、何もしていないわけではありません。次の授業の組み立ての考案、利用する教材の研究、テストの作成・採点など、教科指導関連の仕事をしています。その他、校務分掌という教科指導以外の学校運営に関連する仕事や、保護者が相談の連絡をしてきた場合には、その対応をします。授業のない時間も仕事は山積しています。

「報・連・相」でコミュニケーションを強化

　中学・高校での学校教育は、教員、学校組織全体でおこなわれると考えましょう。学級担任制ではないので、担任でも生徒とふれあう時間は短くなりますが、教員同士で生徒に関する情報を共有することが大事になってきます。教員同士のコミュニケーションを密にとりながら、生徒の状況を把握しておきましょう。
　コミュニケーションとは、具体的に何をすればいいのでしょうか？　それは「報・連・相」、つまり、報告・連絡・相談を密にすることです。報・連・相をしっかりとやることでコミュニケーションがスムーズになり、情報が共有され、問題が生じても対策を講じやすくなります。

職員室での仕事内容

職員室では職員会議のほか、授業の準備や生徒・保護者への対応、校務分掌など、さまざまな仕事があります。

- 授業の準備
- 生徒・保護者への対応
- 校務分掌
- 教員同士での打ち合わせ
- 学級通信の作成
- 学級事務の処理
- 事故が起きたときの対応
- 会議や行事の準備

ささいなことと思われがちですが、あいさつはとても大切です。とくに朝の「おはようございます」と帰りの「お先に失礼します」は、あなたの存在を他の教員に知らせることにもなります。

MEMO： 職員室で学校の雰囲気がわかる!?

職員室の雰囲気は、そのまま学校全体の雰囲気につながります。職員室で教員同士が活発に生徒たちの様子や授業の様子などが気楽に話せる学校は、多少の問題があっても、明るく、学校全体で乗り越えていけることが多いです。

逆に職員室の雰囲気がぎすぎすして、心の病気を患ってしまうような教員がいる学校では、情報提供がしっかりしておらず、問題が起きやすい学校である可能性が高いです。

3 教員の専門常識その3　中学・高校教員の仕事

Chapter3　教員の専門常識その3　中学・高校教員の仕事

教員研修

● 初任者研修、10年経験者研修など、教員が受ける研修について
● 校内研修・校外研修の違いについて理解しておく

法で定められている研修

　教員は、「その責務を遂行するために絶えず研究と修養に努めなければならない」（教育公務員特例法第二十一条）とあるように、研究と修養を深くきわめることが法律で規定されています。そのため、教育公務員特例法第二十三条・第二十四条に定められている法定研修には、初任者研修や10年経験者研修があります。

　新任教員は、指導教員のもとで1年間にわたって初任者研修を受けます。初任者研修は、校内と校外でおこなわれます。校内研修では指導教員の授業を受けたり、助言をいただいたりします。

　一方、10年経験者研修には教科指導の研修のほか、社会貢献活動体験などもあります。

校内研修・校外研修

　上記のほか、科目別の教員同士がつくるグループの校内研修や、外部講師を呼んでおこなう研修があります。

　また、「独立法人教員研修センター」が実施する学校管理職向けの校外研修や、都道府県の教育委員会が実施する職能別研修、教科などの指導や教育課程に関する研修のほか、大学院や企業に長期派遣されて受ける研修などがあります。

教員研修の実施体系

国レベルの研修（教員研修センターが実施）

教職員に対する学校管理研修
- 中堅教員研修
- 校長・教頭などの研修
- 事務職員の研修
- 海外派遣研修（3カ月以内、6カ月以内）

差し迫った重要課題について、地方公共団体が行う研修などの講師や企画・立案を担う指導者を養成するための研修
- 学校組織マネジメントや国語力向上といった教育推進のための指導者養成研修など
- 教育課題研修指導者の海外派遣プログラム（2週間）

地方公共団体の共益的事業として委託などにより例外的に実施する研修
- 産業教育などの指導者の養成を目的にした研修

都道府県などの教育委員会が実施する研修

法定研修
- 初任者研修
- 10年経験者研修

教職経験に応じた研修
- 5年経験者研修
- 20年経験者研修

職能に応じた研修
- 生徒指導主事研修など
- 新任教務主任研修
- 教頭・校長研修

長期派遣研修
- 民間企業などへの長期派遣研修

専門的な知識・技術に関する研修
- 教科指導、生徒指導などに関する専門的研修

市町村の教委など

市町村教育委員会が実施する研修、校内研修、教育研究団体が実施する研修、教員個人が実施する研修

1年目　5年目　10年目　15年目　20年目　25年目　30年目

※文部科学省「教員研修の実施体系」より作成

3　教員の専門常識その3　中学・高校教員の仕事

Chapter3　教員の専門常識その3　中学・高校教員の仕事

校務分掌の組織と役割

- 校務分掌の役割は、学校によって異なる
- 校務分掌の組織について理解する

校務分掌とは

　学習指導以外にも、学校を円滑に運営していくための仕事は各種あり、それらを校務といいます。校長は校務を遂行するために必要な組織を決定し、それぞれの担当を任命します。分掌のおもな内容は、教育の運営、教育課程の編成、進路指導、生活指導や学校の設備関係などです。分掌組織は、○○部、○○係という名称になっていることが多く、具体的な分掌とその役割は学校によって異なります。責任者は「主任」、「部長」などと呼ばれます。

校務分掌での教員の役割

　教員は教科の指導だけでなく、校長のもと円滑な学校運営に寄与することも重要な職務です。校務分掌は、その学校運営の中枢にあたる仕事なので、教科指導と同じように取り組みましょう。

　分掌の遂行は、社会情勢の変化が激しい現状に対応するために、「去年と同じことを今年も」というやり方は避けなければなりません。常にPDCAサイクル（Plan:計画、Do:実行、Check:評価、Act:改善）を現状と照らし合わせ、新たな取り組みをするべきです。組織全体が調和して機能するには、新たな取り組みや活動内容は逐次校長、教頭や主任に報告し、関係する分掌組織と協調しながら職務を遂行しましょう。

校務分掌の組織図例

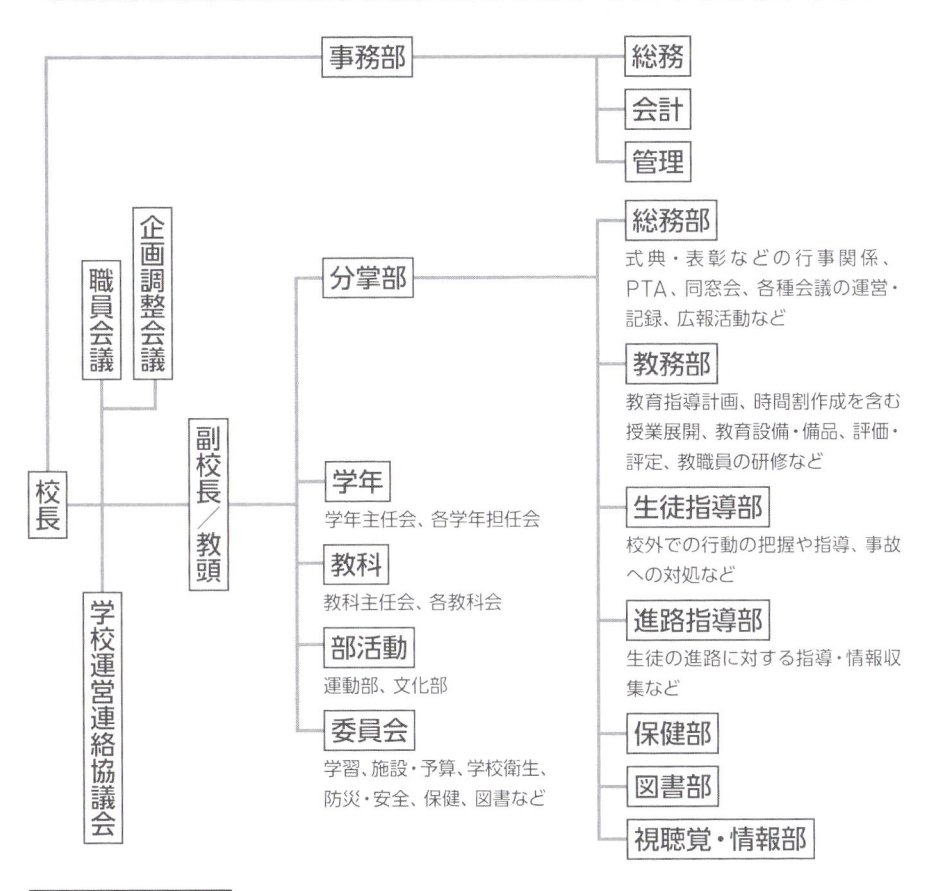

```
校長 ─┬─ 事務部 ─┬─ 総務
      │          ├─ 会計
      │          └─ 管理
      │
      ├─ 職員会議
      ├─ 企画調整会議
      │
      ├─ 副校長/教頭 ─ 分掌部 ─┬─ 総務部
      │                         │   式典・表彰などの行事関係、
      │                         │   PTA、同窓会、各種会議の運営・
      │                         │   記録、広報活動など
      │                         ├─ 教務部
      │                         │   教育指導計画、時間割作成を含む
      │                         │   授業展開、教育設備・備品、評価・
      │                         │   評定、教職員の研修など
      │                         ├─ 生徒指導部
      │                         │   校外での行動の把握や指導、事故
      │                         │   への対処など
      │                         ├─ 進路指導部
      │                         │   生徒の進路に対する指導・情報収
      │                         │   集など
      │                         ├─ 保健部
      │                         ├─ 図書部
      │                         └─ 視聴覚・情報部
      │
      │   副校長/教頭の分掌部内訳:
      │   学年 — 学年主任会、各学年担任会
      │   教科 — 教科主任会、各教科会
      │   部活動 — 運動部、文化部
      │   委員会 — 学習、施設・予算、学校衛生、
      │            防災・安全、保健、図書など
      │
      └─ 学校運営連絡協議会
```

校務分掌の役割

教務部
年間の教育計画や教育設備・備品、評価・評定を含むカリキュラムに関する業務を担当する。学校活動の根幹を担う分掌で、教務主任は教育計画の立案にあたる。

総務部
式典などの校内行事、PTAや同窓会に関する業務、さまざまな会議の運営や記録、広報活動などを担う。卒業証書の作成や卒業生名簿の作成などもおこなう。

生徒指導部
生徒の生活指導に関すること、校外における行動状況の把握や指導、事故が起きたときの対処、部活動などを担当する。生徒の生活規範意識を高めるため、日々奮闘している。

進路指導部
進学や就職に関する指導・助言や職員間の連絡・調整、対外的な情報収集を行う。職場体験学習の企画・運営も、進路指導部が中心になっておこなわれる。

Chapter3　教員の専門常識その3　中学・高校教員の仕事

管理職の職務内容

- 校長や教頭など、管理職の仕事を知る
- 教育委員会という組織と役割はどんなものなのか

学校管理職の仕事

　学校管理職とは、学校運営全体の責任者、つまり校長と教頭（副校長）をさします。一般的に校長の仕事は、4管理2監督です。4管理とは校長が管理する対象、①教育、②職員、③事務、④施設で、2監督とは①所属職員が職務に努めているか、②所属職員が法を遵守しているかです。

　つまり校長は、学校全体が協調して運営されるためのすべての管理、監督責任を負うことになります。その他、所属する自治体の教育委員会との連携が、重要な職務のひとつです。

教育委員会

　学校の最高責任者は校長ですが、学校で使う予算は各地方自治体の教育委員会が決定します。教員の評価や学校の移動も、教育委員会の権限になります。つまり、各地方自治体が管轄する公立学校全体の方向性の決定や実務は教育委員会の仕事なのです。

　教育委員会を構成する教育委員は、教育長と数人の委員で構成され、各地方自治体の議会の同意にもとづき任命されます。教育委員会がおこなうべき実務は、各地方自治体の事務局、東京都の場合は東京都教育庁が管轄しています。

校長の職務内容例

組織編成・教育課程関係
- 教育指導計画の編成、授業開始時刻や時間割の決定
- 非常時・災害時における臨時休業の決定および報告
- 副読本や学習帳などの選定
- 校務分掌、学級担任、教科担任の決定
- 職員会議の主催

生徒関係
- 入学や転学、退学、休学の許可
- 指導要録や出席簿の作成、出席状況の把握
- 課程修了および卒業の認定、卒業証書の授与
- 生徒の懲戒
- 高校進学に際しての調査書などの送付

教職員関係
- 職員の監督、非常勤講師の人選と採用
- 教職員の人事に関する意見の具申
- 職員への出張命令、職員の休暇の承認
- 勤務地を離れての研究の許可
- 学校評議員の人選

学校施設関係
- 設備や施設などの管理・維持

予算関係
- 予算書の作成、備品購入計画の作成

教育委員会の組織図例

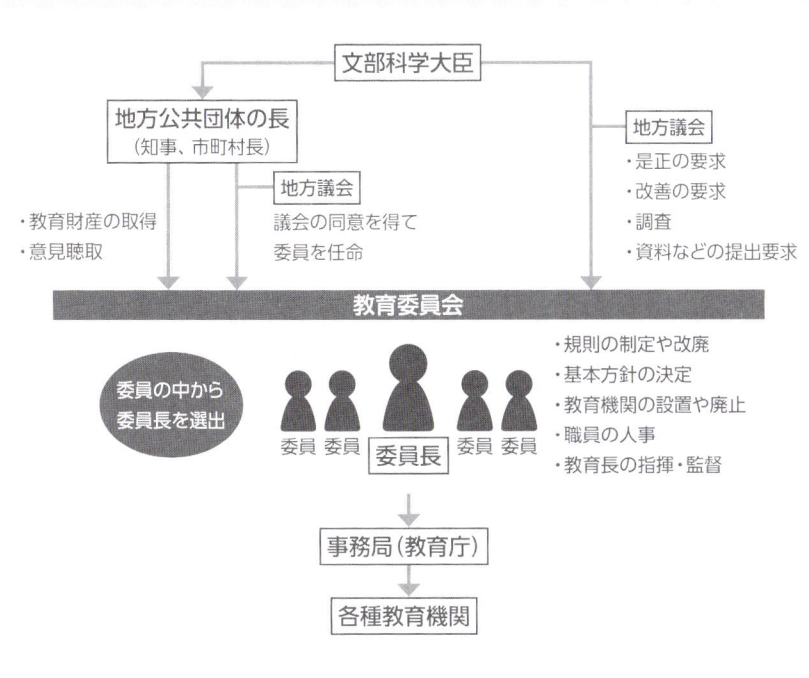

文部科学大臣
→ 地方公共団体の長（知事、市町村長）
  - 教育財産の取得
  - 意見聴取
→ 地方議会
  議会の同意を得て委員を任命
→ 地方議会
  - 是正の要求
  - 改善の要求
  - 調査
  - 資料などの提出要求

教育委員会
- 委員の中から委員長を選出
- 委員 委員 委員長 委員 委員

- 規則の制定や改廃
- 基本方針の決定
- 教育機関の設置や廃止
- 職員の人事
- 教育長の指揮・監督

↓
事務局（教育庁）
↓
各種教育機関

3 教員の専門常識その3 中学・高校教員の仕事

> Chapter3　教員の専門常識その3　中学・高校教員の仕事

生徒とのつながりを築く

- 生徒から信頼を得ることの重要性を理解する
- 担任としての生徒への向き合い方

授業を改善する努力が信頼される一歩

　中学・高校教員が相手をする生徒は、子どもと大人のはざまの不安定な時期にいます。生徒の態度によって授業の進行が遅くなってしまっても、過度に落ち込まず、それは自分だけの体験ではないと開き直ることが肝心です。今日より明日、少しずつ授業を改善するように心がけましょう。生徒と良好な関係を築きたいからといって、無理に生徒の機嫌をとってしまうと、教員としての威厳がなくなってしまう可能性があります。生徒から「先生には尊敬できるところがある」と、尊敬と信頼を得ることを心がけましょう。

生徒の様子をよく観察する

　人間の成長スピードは速く、生徒の態度も1～2年のうちに変化していきます。ある時期の生徒が激しく反抗的でも、2年経過すると態度が素直になる場合もあります。そのため、「こうすれば生徒の信頼を得られる」という正攻法はありません。それぞれの生徒をよく観察し、真摯な態度で向き合うことが大切なのです。

　教員自身も生徒の変化に合わせ、柔軟に対応していきましょう。あくまでも、人間が相手のことです。目の前の生徒をよく観察し、向き合うことが、問題解決の最短ルートになるはずです。

教室の環境を整備する

「人間は社会的動物である」という、アリストテレス（古代ギリシアの哲学者）の言葉があります。これは、人間は過ごす環境に影響されるという意味ですが、生徒にも同じことがいえます。教室は、自宅に次いで長い時間を過ごす場所ですから、教室の環境が乱れると心まで乱れかねません。教員は、教室の明るい雰囲気づくりや美化に努め、生徒に心を配るように気をつけましょう。

教室チェックのポイント

- 机が整然と並んでいるか
- 机に落書きがないか
- 教卓の中が散らかっていないか
- 机の中がキレイに保たれているか
- ロッカーが整頓されているか
- ロッカーの上に私物などが置かれていないか
- 掲示物（時間割や係・委員会、日直の仕事の一覧、学級通信、当番表など）がはがれていないか
- 掲示物の内容が間違っていないか
- 掲示物の配置が乱雑になっていないか
- 1学期の目標が2学期になっても貼ってあるかなど、時期外れの掲示物が残っていないか
- 学級目標が見やすい場所にあるか

MEMO　よりよい学級づくりのための班活動

生徒は自分のことで精いっぱいなので、「学級（クラス）全体をどうするか？」というようなことは、あまり考えていません。しかし学級の雰囲気は、よりよい学校生活にするために欠かせない要素です。よい雰囲気の学級にするために、生徒一人ひとりが主体的に参加できる班活動をおこなうとよいでしょう。班活動では生徒が集団のために動くことの大切さを学び、自分が動いた結果が集団に影響することを体験できます。

Chapter3 教員の専門常識その3　中学・高校教員の仕事

保護者への向き合い方

- 保護者との協力・連携は、学校運営にとっては必要不可欠なもの
- 授業参観や保護者会など、保護者と接するときの立ち居振る舞いを考える

情報を共有する

　生徒への教育は、家庭、学校が連携しておこなうものです。**両者間での生徒についての情報共有、コミュニケーションは教育を良好な結果に導くためにとても重要**です。学校は組織として生徒の教育をおこないますが、保護者の窓口は学級担当になります。

　新任教員の場合、保護者のほうが年長のケースがほとんどだと思います。保護者が年長の場合、教員としての威厳を保ちつつ、信頼を得ることは難しいと感じるかもしれません。しかし、保護者とコミュニケーションを密にして、生徒の情報共有をきちんとおこなうことで、保護者からの信頼も得やすくなるはずです。

👉 保護者と接するときの心得10カ条

1. 相手をねぎらう
2. 心理的事実には心から謝罪する
3. 話し合いの条件を確認する
4. 相手の立場になってよく聴く
5. 話が行き詰まったら、状況を変える
6. 言い逃れをしない
7. 怒りのエネルギーの源はどこからくるのか考える
8. 対応をつねに見直し、同じ失敗を繰り返さない
9. できることとできないことを明確にする
10. 向き合う気持ち、共に育てる視点を持つ

(東京都教育委員会『学校問題解決のための手引き』より作成)

教育活動の理解

　学校の教育活動を保護者に理解してもらうための保護者会は重要です。会の始めに校長や主幹教諭から学校全体の報告があり、その後、学級ごとに分かれる場合が多いようです。

　学級では学級担任が保護者へ報告をします。その際、学級担任として、「保護者に信頼してもらえる」、「協力しようと思ってもらう」ために学級の方針を明確に示し、そのための協力を仰ぐことも大事です。

学校への安心感

　授業参観の目的は、保護者に学校での生徒たちの様子を見てもらうことです。そのために必要なのが、授業中に生徒一人ひとりに少なくとも1回は注目される機会をつくることです。生徒に質問したり、発言させたり、それでも機会が足りない場合は、発表やグループ討議を取り入れてみましょう。

　教室の環境面でも、何カ月も前の掲示物を壁に貼っていないか、清掃が行き届いているかなど、気を配っておきます。

MEMO　家庭訪問では聞き役に徹する

　家庭訪問は、目的を明確にしてから実施します。保護者と対話する貴重な機会なので、教員は聞き役に徹して生徒に関する情報、保護者からの要望などを聞きます。個々の家に訪問するので、時間は余裕をもって、スケジュールを立てるようにします。時間に遅刻すると信頼を失うおそれもあるので、住所を地図であらかじめ確認しておきましょう。

中学・高校教員の仕事
理解度チェック問題

問1　次の文章は、中学校の学年別の指導ポイントについて記したものです。1つだけ適切でないものがあるので、選びなさい。

❶ 学校のシステムが小学校とは変わり、授業の内容も高度になるので、中学1年生では不登校などになる「中1ギャップ」が生じやすくなる。教員は生徒を注意深く観察し、不安を解消させるよう取り組む必要がある。

❷ 中学2年生は大人と子どもの分かれ目の時期で、ある程度の社会性も身についてくる。生徒会や部活動でも引っ張っていく立場となるので、自主性や社会性を育てることを心がけるようにする。

❸ 中学3年生は9年間の義務教育の集大成にあたり、学校ではリーダーとしての役割を担う。また高校受験など、自らの進路を選ぶ時期にもあたる。しかし、生徒は中学2年生の段階で自主性や社会を身につけているので、教員が生徒の進路を一緒に考え、導く必要はない。

問2　次の文章は、副担任について記したものです。正しければ○、間違っていれば×をつけなさい。

❶ 学級担任はは数多くの仕事を抱えているので、どのクラスにも必ず副担任が置かれている。

❷ 副担任は新人の先生がつくことが多く、「担任を任せるのはまだちょっと厳しいかな」という場合は、2年目でも副担任を任される。

答え

問1 ❸（教員は生徒の進路を一緒に考え、導く必要がある）
問2 ❶ ×（副担任が置かれていないクラスもある）　❷ ○

問3 次の文章は、教員の研修について記したものです。下線部に入る語句を答えなさい。

❶ 新任教員は、A.＿＿＿＿＿研修を採用の日から B.＿＿＿＿＿間にわたって受ける。A.＿＿＿＿＿研修は校内と校外の2種類があり、校内研修では先輩教員などが「校内指導教員」となってマンツーマンの指導・助言をおこなう。また指導教員の授業を見学するなどして、授業の質を高めていく。校内研修は週2日程度、延べ300時間以上で進められる。

❷ 校外研修は、教育委員会の C.＿＿＿＿＿で講義を受けたり、福祉施設で業務体験をおこなったりする。研修内容は、学校教育に必要な基礎的素養、教科指導、道徳、学級経営、生徒指導、特別活動などである。

❸ 教育公務員特例法第二十一条では、教員の研鑽（けんさん）について「その責務を遂行するために絶えず D.＿＿＿＿＿と E.＿＿＿＿＿に努めなければならない」と規定されている。

❹ 教員になってから10年経過した段階で受ける研修を、F.＿＿＿＿＿研修という。教科指導の研修や社会貢献活動体験などをおこない、2003年（平成15）から義務化されている。

❺ 民間企業や社会福祉施設、社会教育施設など、学校以外の施設に長期間にわたって派遣される研修を G.＿＿＿＿＿研修という。企業や施設の人たちの考え方や見方、経験などを吸収することで、教育の質を高めようとする狙いがある。

答え

問3　A. 初任者　B. 1年　C. 教員研修センター　D. 研究　E. 修養　F. 10年経験者　G. 長期派遣

問4 次の文章は、校務分掌について記したものです。あてはまるものをA〜Dから選び、線で結びなさい。

❶ 教務部 ・

❷ 生徒指導部 ・

❸ 総務部 ・

❹ 進路指導部 ・

・A 「生徒の生活指導に関すること、校外における行動状況の把握や指導、事故が起きたときの対処、部活動などを担当する。生徒の生活規範意識を高めるため、日々奮闘している。」

・B 「年間の教育計画や教育設備・備品、評価・評定を含むカリキュラムに関する業務を担当する。学校活動の根幹を担う分掌で、部の主任は教育計画の立案にあたる。」

・C 「式典などの校内行事、PTAや同窓会に関する業務、さまざまな会議の運営や記録、広報活動などを担う。卒業証書の作成や卒業生名簿の作成などもおこなう。」

・D 「進学や就職に関する指導・助言や職員間の連絡・調整、対外的な情報収集をおこなう。職場体験学習の企画・運営も、この部が中心になっておこなわれる。」

問5 次の文章が適切であれば○、不適切であれば×をつけなさい。

❶ 授業参観は、保護者に学級経営が上手くいっていることをアピールするという狙いがある。そのため、授業中はなるべく答えられそうな生徒を指すようにする。

❷ 授業参観前には、教室の環境にも目を配るようにする。古い掲示物などを貼り替え、清掃が行き届いているか確認する。

❸ 家庭訪問では、なるべく聞き役にまわって生徒に関する話を聞くようにする。

答え

問4 ❶ 教務部→B ❷ 生徒指導部→A ❸ 総務部→C ❹ 進路指導部→D
問5 ❶ ×（なるべく多くの生徒に「注目される機会」をつくってあげたほうがよい） ❷ ○ ❸ ○

問6

次の文章は、学校管理職について記したものです。それぞれにあてはまる言葉を記しなさい。⑤は、正しい方を選びなさい。

　学校管理職とは、学校運営全体の責任者、つまり校長と教頭（副校長）のことをいう。一般的に校長の仕事は４管理２監督で、「４管理」とは校長が管理する対象、❶_____、❷_____、❸_____、❹_____になる。「２監督」とは「所属職員が職務に努めているか」「所属職員が法を遵守しているか」の監督である。つまり校長とは、学校全体が協調して運営されるための❺（すべて・一部）の管理、監督責任を負っていることになる。その他、所属する自治体の❻_____委員会との連携は重要な仕事である。

問7

次の文章は、公立学校の校長の職務について記したものです。この中であてはまらないものを１つ選びなさい。

❶ 非常時・災害時における臨時休業の決定および報告

❷ 校務分掌、学級担任、教科担任の決定

❸ 課程修了および卒業の認定、卒業証書の授与

❹ 職員の監督、非常勤講師の人選と採用

❺ 学校など教育機関の設置および廃止

❻ 学校施設の使用許可

❼ 予算書の作成、備品購入計画の作成

❽ 高校進学に際しての調査書などの送付（中学のみ）

答え

問6 ❶〜❹ 教育、職員、事務、施設（順不同）　❺ すべて　❻ 教育
問7 ❺ 校長には教育機関の設置・廃止を決める権限はない

Column 4

アフター5の付き合い方

▶ 節度を守りながら同僚教員と親睦を深める

　生徒とのコミュニケーションが大事なのはいうまでもありませんが、同僚の教員との付き合いも大事です。とくに中学校や高校は教科担任制なので、チーム体制で生徒と向き合う必要があります。そのため、教員同士のコミュニケーション構築も重要です。

　かつては、勤務後にお酒を飲む「飲みニケーション」で親睦を深めていましたが、最近はその回数も減ってきています。それでも、行事や学期末・学年末の打ち上げ、忘年会や歓迎会・送迎会など、飲酒も含めた親睦会はいくつもあります。こういった席では仕事や生徒の話になりがちですが、ときには酒の席でないと聞けない先輩教員の本音を聞くこともできます。吸収できる部分は吸収し、節度を保って親睦を深めていきましょう。

　そして、絶対にやってはいけないのが飲酒運転です。なかには「1杯だけなら……」と考える人もいるかもしれませんが、れっきとした法律違反です。保護者や生徒からの信頼を失うので、「乗ったら飲むな、飲むなら乗るな」を徹底しましょう。

Chapter 4

教員の専門常識その4

中学・高校教員になるために

教員採用試験は一般の就職試験と形式が異なるため、それなりに対策をしていかなければ太刀打ちできません。面接試験や筆記試験に関する基礎知識と対策を紹介します。また、教員になるために必要な教育職員免許状も押さえておきましょう。

> 教員採用試験については、意外と何の対策もしないまま試験に臨む人が少なくありません。中学校・高校の教員になるための第一関門である試験突破に向けて、アドバイスしていきます。

> **Chapter4** 教員の専門常識その4　中学・高校教員になるために

求められる教員像

- 文部科学省が定める「教員像」を理解する
- 試験勉強前に押さえるポイントとは？

採用試験は人物重視の傾向

　教員になるためには、教員採用試験を突破しなければなりません。自治体によって試験の形態はさまざまなので、事前対策も異なってきます。さらに教科や地域によって、合格倍率が異なります。そのため、試験を受けるときには自治体の教員採用試験情報を確認し、その自治体が求める人物像を把握しておくことが大切です。

　現在の教育現場では、さまざまな教育問題の解決、さらには保護者や地域社会への高度な対応が求められています。それにともない教員採用試験では、学力よりも面接を重視する自治体が増えています。

　志望動機や自己PRをきちんと話せるように準備し、万全を期して臨みましょう。

👉 試験勉強前に押さえておきたい4つのポイント

- 募集人数・倍率
- 自治体が求める人物像とおおまかな日程
  （書類選考、1次試験、2次試験など）
- 受験科目とその配点の把握
  （何に重点が置かれているか、模擬授業があるか）
- 試験の雰囲気
  （先輩からのヒアリング、本やインターネットなどで確認できる）

教員に求められている資質・能力

受験する前に、教員に求められている能力・資質、とくに今後求められる資質・能力は次の通りです

いつの時代も教員に求められる資質・能力

- 教育者としての使命感
- 人間の成長・発達についての深い理解
- 幼児・児童・生徒に対する教育的愛情
- 教科などに関する専門的知識
- 広く豊かな教養

→ これらに基づく実践的指導力

＋

今後とくに求められる資質・能力

- 地球的視野に立って行動するための資質・能力
- 地球、国家、人間などに対する理解
- 豊かな人間性
- 国際社会で必要とされる基本的な資質・能力
- 変化の時代を生きる社会人に求められる資質・能力
- 課題解決能力
- 人間関係に関する資質・能力
- 社会の変化に適応するための知識および技能
- 教職の実務から必然的に求められる資質・能力
- 幼児・児童・生徒や教育のあり方についての適切な理解
- 教職への愛着、誇り、教育同士の一体感
- 教科指導、生徒指導のための知識、技能および態度

↓

▶ **教師の仕事に対する強い情熱**
教師の仕事に対する使命感や誇り、生徒に対する愛情や責任感など

▶ **教育の専門家としての確かな力量**
生徒への理解力、児童・生徒指導力、集団指導の力、学級づくりの力など

▶ **総合的な人間力**
豊かな人間性や社会性、常識と教養、礼儀作法をはじめ対人関係の能力など

※文部科学省パンフレット「魅力ある教員を求めて」より作成

Chapter4 教員の専門常識その4 中学・高校教員になるために

教員免許状

- 教員になるためには国家資格「教育職員免許状」が必要
- 教員免許状には普通免許状、特別免許状、臨時免許状がある

教員免許は国家資格

教員になるために必要な資格である。国家資格「教育職員免許状（教員免許状）」は、一般的には教職課程がある大学で所定の教育を受けることで取得できます。教員免許状には普通免許状、特別免許状、臨時免許状の3種類があり、もっとも一般的なのが普通免許状です。

普通免許状は学校の種類（小学校、中学校、高等学校など）や養護教諭、栄養教諭など7つに区分され、このうち中学校と高校は教科ごと（国語、数学など）の免許状になります。さらに普通免許状は、修学レベルで専修免許状、一種免許状、二種免許状に分けられます。

教員免許状の種類

- **普通免許状（日本国内の全域）**
  - 専修免許状 … 修士の学位（大学院修了）を有することを基礎資格とする
  - 一種免許状 … 学士の学位（大学卒業）を有することを基礎資格とする
  - 二種免許状 … 短期大学士の学位（短期大学卒業）を有することを基礎資格とする
- **特別免許状（各都道府県）**
  担当教科に関して専門的な知識・経験または技能を有する。有効期間は10年
- **臨時免許状（各都道府県）**
  普通免許状を有する者が採用できない場合に限って実施される都道府県の教育委員会の教育職員検定に合格すると授与される。有効期間は原則3年

（文部科学省『魅力ある教員を求めて』より作成）

教員免許状に必要な単位

教員免許を取得するためには、定められた単位の「教科に関する科目」と「教職に関する科目」を修得する必要が規定されています。

教科に関する科目
教員になって担当する教科に関する具体的な知識・技能の修得を目的とした科目。小学校ではすべての教科の単位を取る必要があるのに対し、中学校や高校は教科ごとに免許状が必要。

教職に関する科目
教職の意義などに関する科目、教育の基礎理論に関する科目、教育課程および指導法に関する科目、生徒指導・教育相談・進路指導などに関する科目、教育実習、教育実践演習などがある。

普通免許状の取得に必要な単位数

区分	中学校 専修	中学校 一種	中学校 二種	高校 専修	高校 一種
教科に関する科目	20	20	10	20	20
教職に関する科目	31	31	21	23	23
教科または教職	32	8	4	40	16
合計	83	59	35	83	59

※上記のほか、日本国憲法、体育、外国語コミュニケーション、情報機器の操作（各2単位）の修得が必要。

教職課程履修者は、一般的に卒業するために必要な単位数よりも多くの単位を修得しなければならないので、途中であきらめる人も少なくありません。

MEMO 教職員免許の上進制度

二種免許状を一種免許状にするなど、現状の免許状を上位免許状に変更することができます。ただし、教員としての経験年数が必要なので、教員になってすぐに変更できるわけではなく、上位免許取得に必要な科目と単位もそろえる必要があります。

❶ 一種免許状→専修免許状
- 取得しようとする免許状の校種で、3年以上の在職年数が必要
- その上で、大学院で「教科または教職に関する科目」を15単位以上取得

❷ 二種免許状→一種免許状
- 取得しようとする免許状の校種で、5年以上の在職年数が必要
- 中学校教諭の免許状は、大学で「教科に関する科目」10単位以上、「教職に関する科目」16単位以上、「教科または教職に関する科目」4単位以上を含め、45単位以上取得。15単位分については「教科に関する科目」「教職に関する科目」でなくてもよい。
- 在職年数が5年を超える場合は、超える年数×5単位を差し引くことができる（最大35単位まで）。

特別支援学校教諭普通免許状

特別支援学校で働くために必要な免許状

　特別支援学校教諭普通免許状は、かつて、盲学校・聾学校・養護学校ごとに分けられていた免許状が一本化した免許状です。教育職員免許法では、「特別支援学校の教員は、幼稚園、小学校、中学校または高等学校の教諭免許状のほか、特別支援学校教諭普通免許状を有していなければならない」(第3条第3項)と定められています。ただし同法の附則16の規定で、「当分の間」は特別支援学校教諭の普通免許状がなくても、特別支援学校で働くことができることになっています。

養護教諭普通免許状

学校内で生徒の養護を担当する

　養護教諭は保健室に常駐し、生徒のケガや病気の対処や、健康診断などをおこないます。ただし、最近の保健室はいじめなどで教室に居づらくなった生徒などの避難先の役割にもなり、悩みを抱える生徒たちの居場所になることも多くあります。生徒が担任にはいえない悩みを、養護教諭に打ち明けることも少なくありません。そのため、担任の教員は保健室の先生と密に情報交換し、保健室に出入りする生徒の「心の状態」を把握しておく必要があります。

栄養教諭普通免許状

生徒の栄養指導と管理を担当する

　栄養教諭は、栄養教育の発達や栄養管理の向上をはかるため、2005年(平成17)に新設されました。栄養教諭普通免許状にも専修免許状、一種免許状、二種免許状の3種類があり、二種免許状の授与申請には栄養士資格、一種免許状の授与申請には①管理栄養士資格を有している、②管理栄養士養成施設を卒業して栄養士資格を有している、どちらかの条件をを満たしていることが前提になっています。

特別免許状・臨時免許状

教員免許状を有しない社会人が教員になる方法

　特別免許状と臨時免許状は、教員免許状を持っていない社会人や、持っている免許状以外の教科を担当するときに利用できる免許制度のことです。各都道府県内でのみ効力を発揮し、それぞれの都道府県の教育委員会の推薦に基づき行われる教育職員検定に合格すれば、免許状が授与されます。特別免許状の有効期間は10年で、3年以上の在職年数と所定の単位取得で普通免許状を取得できます。また臨時免許状は、普通免許状を有する者が採用できないときに限り授与され、有効期間は原則3年です。

特別免許状で採用された事例

❶ 埼玉県（29歳）

校種：中学校、高等学校　担当教科：社会、地理歴史　教授内容：世界史、地理
前職：通信添削会社社員
大学卒業後、考古学研究のため博士課程に進学。そのかたわら通信添削会社に入社し、高校指導部の地理歴史担当のリーダーとして活躍していた。

❷ 山形県（49歳）

校種：高等学校　担当教科：体育　教授内容：柔道　前職：一般企業の東北支店長
インターハイで重量級個人優勝の経歴を持ち、柔道歴は35年以上。自らの道場を有し、地区の柔道団体理事長として青少年に指導・育成する姿が関係者から高く評価されていた。

※文部科学省「特別免許状制度」より作成

MEMO　社会人が教壇に立つ「特別非常勤講師制度」

　特別非常勤講師制度は、教員免許状を持っていない人を非常勤の講師として活用する制度で、学校教育の多様化や活性化をはかるために制度化されました。校長が各都道府県の教育委員会に届け出ることで認められます。

特別非常勤講師による教授内容の例

校種	内容（職業など）
中学校	伝統楽器演奏（三味線師範）、加賀友禅の指導（加賀友禅工房勤務）、剣道（スポーツ少年団指導員）、金工細工（板金工場経営）、英会話（英会話学校講師）
高等学校	生活文化史（大学教授）、人体の構造と機能（医師）、ホームページの作成（情報関連企業）、手話実習（短期大学非常勤講師）、英語によるスピーチ指導（英語講師）、製菓技術（調理製菓師）、郷土料理（町農産物加工グループ）

※文部科学省「特別非常勤講師制度」より作成

Chapter4 教員の専門常識その4　中学・高校教員になるために

教員免許の更新

- 「教員免許更新制」の目的としくみを知る
- 更新講習を受講しなくてもよい場合がある

教員の資質を保つ

　教職員になるための免許状を、一定期間ごとに更新する制度が「教員免許更新制」です。学力低下や教員の質が問題視されるようになった2000年代前半から議論され、2009年（平成21）から導入されました。

　免許状取得以後、10年ごとに更新が必要で、更新の際におこなう30時間以上の講習は、教員に必要な最新の知識や技能の吸収と、資質および能力を保持する狙いがあります。ちなみに、校長や教頭、免許状に関連する知識・技能が優秀で表彰された人は、免許管理者に申請するだけで免許状を更新することができます。

教員免許更新制の概要

❶ 特別免許状（各都道府県）
教員免許更新制は、その時々で教員として必要な資質能力が保持されるよう、定期的に最新の知識技術を身に付けることで、教員が自信と誇りを持って教壇に立ち、社会の尊敬と信頼を得ることを目指すものです。
※不適格者教員の排除を目的とするものではありません。

❷ 基本的な制度設計について
原則的に、有効期間満了日（終了確認期限）の2年2カ月から2カ月前までの2年間に、大学が開設する30時間以上の免許状更新演習を受講・修了したあと、免許管理者（都道府県教育委員会）に申請する必要があります。

免許状更新講習の対象者と受講資格の証明方法

対象者		証明方法
現職の教員など		校長などの証明
内定者および内定者に準ずる者	教員採用内定者	任用または雇用予定者の証明
	教員経験者	任用または雇用していた者の証明
	教員となる見込みの者（任命リスト登載者）	任用または雇用する可能性がある者の証明

教員免許更新制の概要例 （文部科学省HPより抜粋）

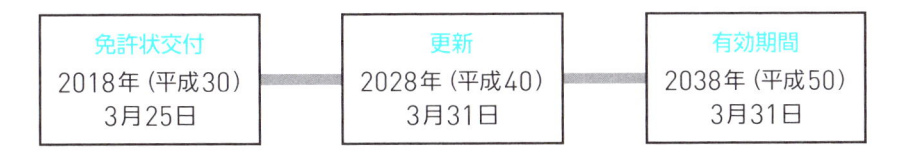

免許状交付	更新	有効期間
2018年（平成30）3月25日	2028年（平成40）3月31日	2038年（平成50）3月31日

最初の有効期間は、卒業（2018年（平成30）3月25日）から10年経った2028（平成40）年の年度末（3月31日）まで。

更新したあとの有効期間は、2028年（平成40）3月31日から10年後の2038年（平成50）の年度末（3月31日）まで。

免許状更新講習の事項（時間数）・内容

事項（時間数）	内容
教職についての省察並びに生徒の変化、教育政策の動向及び学校の内外における連携協力についての理解に関する事項（12時間以上）	・学校を巡る近年の状況の変化 ・教員としての生徒観、教育観などについての省察 ・生徒の発達に関する脳科学、心理学などにおける最新の知見（特別支援教育に関するものを含む） ・生徒の生活の変化を踏まえた課題 ・学習指導要領改定の動向など ・法令改正及び国の審議会の状況など ・さまざまな問題に対する組織的対応の必要性 ・学校における危機管理上の課題

Chapter4 教員の専門常識その4　中学・高校教員になるために

教育実習

- 教育現場に実際に立ち、教員としての適性を図る
- 教育実習の流れを把握し、心がけておくべきポイントを理解する

教育現場を経験する

　教員免許状を取得する過程で欠かせないのが教育実習です。**教員養成課程で学んだことを教育現場で実践することで、自分の教員としての適性や能力を見きわめる**ことができます。実習校は、実習をおこなう本人の母校にお願いすることが多いですが、なかには自治体が実習校を指定したり、大学が指定した附属高校で実習をおこなったりするケースもあります。

　実習とはいえ、「先生」として教壇に立つわけですから、学生気分で甘えていてはいけません。身だしなみに気をつけ、大きな声であいさつをしましょう。実習期間は2週間から1カ月間と短いですが、生徒たちと積極的にコミュニケーションを深め、教育現場の実情と課題を理解しましょう。

教育実習前に用意するもの

　教育実習では覚えることが盛りだくさんなので、こまめにメモをとるようにします。また校内を歩くための上ぐつ（スリッパは不可）、出勤簿に押印するための印鑑、外で活動するときに着用するジャージなども用意しておきましょう。

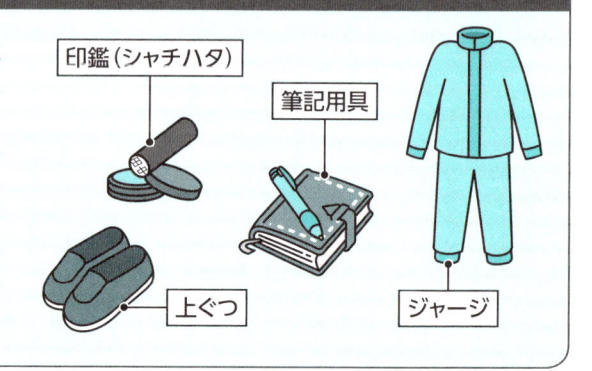

- 印鑑（シャチハタ）
- 筆記用具
- 上ぐつ
- ジャージ

教育実習のスケジュール例

実習1〜2年前
▶ 受け入れ先の交渉
出身校の教員などに、教育実習生としての受け入れを依頼します。

実習約1〜2カ月前
▶ 大学への教育実習の受講申し込み
▶ 大学から関係書類を受領する
▶ 実習校へ内諾書・承諾書の提出
実習の申し込みをするとともに、実習生としての心構えや指導のポイントなどを教わります。

実習約1〜2週間前
▶ 実習校との事前打ち合わせ
実習校を訪問し、最終打ち合わせをおこないます。

実習 本番
実習校の方針や実情に基づいた指導計画により、実習がおこなわれる。授業体験だけでなく、学校教育に関する理論や実践を学んでいきます。

実習 終了後
▶ 事後指導
実習での体験を反省・整理し、実習から学んだものを確認すると同時に、今後の課題を認識します。

▶ 実習校にお礼の手紙を書く
校長や指導教諭、担当の教員、担当クラスの生徒などへお礼の手紙を書きます（任意）。

4 教員の専門常識その4 中学・高校教員になるために

MEMO : 教育実習の授業で心がけるポイント

● **声を大きく**
教室の隅々まで伝わるよう、大きな声で伝えます。声に緩急や抑揚をつけると、生徒たちに伝わりやすくなります。

● **緊張しすぎない**
実習で緊張しすぎると、空回りしがちになります。気負いすぎず、落ち着いた気持ちで実習に臨みましょう。

● **生徒を動かして授業する**
一方的に伝えるだけの授業は、生徒に飽きられてしまいます。生徒に書き込む作業をさせたり、生徒を指名して回答・発表させたりするのも効果的です。

● **教材を活用する**
教科によって写真や模型などの教材を活用することで、授業に対する生徒の興味を引き出すことができます。

Chapter4　教員の専門常識その4　中学・高校教員になるために

教員採用試験合格までの流れ

- 試験までのスケジュールを確認して、効率的な計画を立てる
- 早い段階から情報を集め、「先が見えない」不安をなくす

計画的に学習スケジュールを組む

　教員採用試験は高校・大学受験と違い、「ゴールが見えづらい」という特徴があります。高校・大学受験は同級生や塾の仲間と切磋琢磨しながら、塾や学校の先生の助言を励みに乗り越えることができます。しかし、教員採用試験は孤独に勉強を続け、漠然とした状態で試験に臨む人もいます。

　また、教員採用試験は幅広い科目の勉強をしなければならず、効率的な学習が求められます。そのため試験を受ける前の年から情報収集を始め、計画を立てて学習するようにします。自分が受験する自治体の試験の特徴や傾向、合格倍率などをきちんと把握し、学習スケジュールを組むだけでも勉強効率が上がってくるはずです。現在、公立学校教員の採用者数は団塊世代の大量定年退職により増加傾向にあります。競争率は自治体によって異なりますが、採用数が少ない地方のほうが倍率が高いこともあります。

切磋琢磨する仲間

　同じ教員の道を志す仲間を見つかると、ともに励むことでモチベーションが上がり、合格までの距離がグッと縮まることでしょう。また、教員を志す仲間と面接の練習をすることで自分の欠点を指摘してもらい、仲間のよいところを吸収することもできます。切磋琢磨しながら面接への備えを整えましょう。

採用までのスケジュール

4月上旬～6月中旬
募集要項の配布
各教育委員会にて配布。郵送も可能だが、インターネット申し込み限定の自治体もある。

▼

6月下旬～7月下旬
願書受付
受付期間が短い場合もある。

▼

6月下旬～7月下旬
受験票の交付
受験時に必要なので、きちんと保管しておく。

▼

7月
1次試験
採用試験の内容は自治体ごとに異なる。日程は年ごとに変わるので、こまめに情報をチェックする。

▼

7月下旬～9月下旬
1次試験合格発表
1次試験の段階で採用予定数の3～5倍程度にしぼり込まれる。

▼

8月上旬～10月上旬
2次試験
面接や模擬授業などがおこなわれる。

▼

9月上旬～10月中旬
2次試験合格発表・名簿登載
合格者は採用候補者として名簿に登載。試験成績でランク分けされる場合もある。

▼

10月上旬～11月下旬
説明会
各教育委員会で開催。採用についての説明がなされる。

▼

9月下旬～3月下旬
面接・採用内定
教育委員会の担当者や学校長などと面接。最近は早めに採用内定するケースが増えている。

▼

採用
4月1日付で採用され、学校に勤務。

MEMO　試験対策のホームページをチェック

教員採用試験を攻略するうえで重要なのが、試験に関する情報の収集です。そこで役に立つのが、教員採用試験の経験者が開設しているホームページです。役に立つ情報収集のほか、掲示板などで試験に関する相談に乗ってくれることも。試験合格に向けて活用しましょう。

おもな教員採用試験関連のホームページ

- **教員ドットコム**　http://www.kyoin.com/
教員採用試験の体験記のほか、面接対策のホームページなどもある。

- **教員ステーション**　http://www.kyoushi.jp/
教員志望の学生のための情報サイト。試験対策や教育関連の最新ニュースなどを紹介。

- **教員採用試験.com**　http://www.kyouin-guide.com/
試験の内容や対策、全国の採用試験のスケジュールなどを掲載している。

| Chapter4 | 教員の専門常識その4　中学・高校教員になるために |

教員採用筆記試験

- 教育に関する法律は採用試験対策として必須
- 中学校教員に関連する法規を知る

「落とすための試験」に備える

　近年の教員採用試験では、学力よりも面接が重視されていますが、それでも1次試験の中心は筆記試験です。基礎的な学力を判断するもので、「選ぶ」よりも「落とす」意味合いが強い試験でもあります。

　筆記試験の勉強法がわからない場合は、まずは受験する自治体の過去問題3年分を見てみましょう。また、問題集を購入するかどうか迷ったときは、とりあえず購入することをおすすめします。自分の将来がかかった試験です。投資は惜しまないようにしましょう。そして、自分に合う問題集を見つけたら、その問題集を6回程度こなすことを目標にします。同じ問題集を繰り返し解くことで理解度が深まり、知識が定着していきます。

教員採用試験対策のスケジュール例

前年　試験情報の入手

冬～3月　基礎力を養成する
- 各教科を幅広く体系的に理解する
- 自分のウィークポイントを知る
- 面接や論作文の対策を開始する
- 学習指導要領を通読し、理解する
- 時事的な話題や教育問題をチェックする
- 自己PRや教育観などの自己分析を始める

3～5月　実力を磨いていく
- 問題集を繰り返して解き、理解を深める
- 弱点を補っていく
- 面接や論作文のトレーニングを本格化させる

5～6月　試験直前の総仕上げ
- これまでの学習の総仕上げをする
- 公開模擬授業を受ける
- 問題集や弱点をおさらいする

7月　1次試験

筆記試験科目(一般教養・教職教養・専門教養)の特徴

● 一般教養

人文科学 … 現代文／古文／漢文／文化史／倫理／思想／日本史／世界史／地理／英語
社会科学 … 政治／経済／現代社会／国際問題／環境問題／時事問題
自然科学 … 数学／物理／化学／生物／地学／科学時事
その他 …… ご当地問題、新傾向の問題(数的処理、生活科学) など

● 教職教養

教育原理／教育法規／教育心理／教育史／教育時事

● 専門教養

中学校 … 国語／社会／数学／理科／音楽／美術／保健体育／技術／家庭／英語
高校 …… 国語／日本史／世界史／地理／倫理／政治経済／数学／物理／化学／生物／地学／音楽／美術／書道／保健体育／家庭／英語／農業／商業／工業／水産／商船／情報／看護／福祉

MEMO：通信教育でも教員免許状が取得できる

時間や地理的な制約から大学に通うのが難しい人でも、通信教育(通信制大学)で教員免許状を取得することができます。通信教育では、①高卒者が正科生として入学し、大学・短期大学の卒業資格と教員免許状を取得する方法と、②科目履修生として入学して教員免許状の取得を目指す方法があります。

通信制大学では自宅やスクーリングで学習し、教員免許状や大学・短期大学の卒業資格取得(①の場合)を目指します。①は通常の大学と同じく、教育実習や介護体験が義務づけられています。

通信教育のおもな学習スタイル

- スクーリング(面接授業)
- テキスト教材などを使った自宅学習およびレポート提出
- テレビやラジオ、インターネットなどを利用した授業

通信教育で教員免許状を取得するまでの流れ(正科生の場合)

出願手続
↓
入学選考
↓
入学(4月または10月)
↓
自宅学習：レポートを提出したり、単位修得試験を受けたりする。
スクーリング：一定の時期や場所に学生たちが集まり、担当教官から直接指導を受ける。
↓
大学卒業に必要な単位の履修
↓
教職や教科に関する科目の修得

教育実習、介護体験、卒業論文

↓
卒業(3月または9月)、教員免許状の取得

Chapter4　教員の専門常識その4　中学・高校教員になるために

教員採用面接試験

- 各自治体で重要視されている面接試験の傾向を知る
- 日々の生活を見直すことも大切

面接対策にも時間を割く必要がある

　筆記試験は受験者を「振るい落とす」試験ですが、面接試験は教員にふさわしい人を「選ぶ」意味合いが強い試験です。最近の教員採用試験では、1次試験から面接試験をおこなう自治体も増えています。そのため、合格するには筆記だけでなく、面接対策にもしっかり取り組む必要があります。

　教員採用試験では、実際に教育現場で働くベテランの教員や企業の人事担当、スクールカウンセラーなどが面接官を担当しています。短時間で受験生の適性を見抜くプロなので、付け焼き刃のような対策では、すぐにボロが出てしまいます。そのため、日々の生活を見直し、前向きに明るく過ごす習慣をつけるなど、日常をしっかりと整えることが一番の面接対策ともいえます。

👉 面接官への感謝の気持ちを忘れない

　教員採用試験の受験生は、試験を受ければそれで終わりです。しかし、面接官は朝から受験生たちと向き合い続け、真剣に評価をします。しかも普段の仕事をやりくりしながら面接に臨むので、試験官の仕事はけっこう大変です。
　そのような状況下で面接官を引き受けてくださっているのですから、面接には感謝の気持ちで臨むことが大事です。感謝の気持ちを抱くことで、自然とよい振る舞いを見せることができます。つらいと感じたときは、「自分も大変だけど、面接官はもっと大変だ」ということを思い起こすようにしましょう。

面接試験のさまざまな形式

　教員採用試験の面接には、個人面接や集団面接（グループ面接）、集団討論（グループディスカッション）など、さまざまな形式があります。実施方法は自治体によってそれぞれ異なるので、自分が受ける自治体でどのような面接試験がおこなわれてきたのかを、事前に確認しておくとよいでしょう。

個人面接：一般的な面接スタイル

受験生：1人　面接官：2～5人　面接時間：10～20分

受験生1人に対し、複数の面接官が質問をします。受験生の教職に対する情熱や意欲、人となりが見られるほか、志望動機や目指す教師像、教育時事などについて聞かれます。また入退室や言葉づかいなど、礼儀作法や態度もチェックします。

集団面接（グループ面接）：複数の受験生が同時に面接を受ける

受験生：5～10人　面接官：2～5人　面接時間：20～30分

複数の受験生が一堂に会し、質問に対する意見を述べる形式の面接。自分の意見をどう伝えるかも大事ですが、他の受験生の話に耳を傾ける姿勢も重要です。

集団討論（グループディスカッション）：あるテーマについて討論する

受験生：6～8人　面接官：2～3人　所要時間：20～40分

あるテーマについて、自由な討論がおこなわれ、討論から受験生の積極性や協調性、人間性が判断されます。他の受験生の意見を聞きながら、自分の考えを出すようにしましょう。

場面指導（ロールプレイング）：実践的な指導力が問われる

受験生：1人　面接官：2～3人　指導時間：4～10分

教育現場の具体的な場面が設定され、受験生がどんな対応をするのかが問われます。この試験では、教育現場が求める実践的な指導力があるかどうかが見られています。

模擬授業：実践的な指導力が問われる

受験生：1人　面接官：2～3人　授業時間：10～15分程度

授業時間で、実践的な指導力があるかどうかがチェックされます。本番の授業と思ってやり切りましょう。

面接官は受験生のココを見ている！

　面接官は受験生の「現場で熱心に子どもたちと向き合うことができるか」、「適切な保護者対応ができるか」など、現場での対応力のほか、専門性や指導力、コミュニケーション能力の有無を見ています。面接官によって視点は違ってきますが、身だしなみのチェックは基本です。

面接官がチェックしているポイント

1 現場で子どもたちと熱心に向き合えるか
教育現場が求めているのは、教師としての意欲や情熱、子どもへの思いやりや教師としての責任感などです。

2 対応がきちんとしているか
質問に対する答えの内容だけでなく、質問への対応や態度などもチェックポイントになります。

3 専門性や指導力を有しているか
教科や科目に対する専門的な知識とそれを指導する力、教育課題に対してきちんと取り組めるかどうかを見ています。

4 コミュニケーション能力があるか
教育現場では生徒や同僚教員、保護者、地域など、さまざまな人たちと関わっていくため、コミュニケーション能力の有無がチェックされます。

5 社会性があるか
教員は生徒の模範となるべき存在なので、社会性が欠如している人は、教員採用試験では明らかにマイナス評価となります。

6 向上心があるか
教員として成長していきたいという気持ちがないと、「将来性がない」とみなされてしまいます。

← 面接でやってはいけない勘違い事例

　例えば、集団面接で自分の意見を長々と話したあげく、ほかの受験生の話に耳を傾けないなど、「自分さえよければいい」と見られる行動は、協調性や社会性に欠けていると判断されてしまいます。ほかにも、参考書の模範解答をそのまま述べたり、雑な言葉づかいで面接に臨んだりするのも、面接官に対してマイナス評価になるので要注意です。

おもな勘違いの事例
- 自分さえよければいいと思っている
- 模範解答をそのまま言えばいい
- とりあえず長く話せばいいと思っている
- 雑な言葉づかいで面接に臨む

面接前に必要な対策と準備

面接試験に苦手意識がある人は、練習を重ねて恐怖心やトラウマを取り払います。また**クセを直す、自分ならではの回答を用意する、面接に関する情報を収集する**など、事前の対策・準備が大事です。

❶ 面接の練習を重ねる
面接に苦手意識があると自覚している人は、練習を重ねることで苦手意識をなくしましょう。1人ではなく仲間と一緒に練習すれば、面接力がアップします。

❷ クセを直す
「あっ」「えーっと」といった口グセがあったり、下を向いて話したり、姿勢が猫背など、悪い印象を与えるクセを見つけ、日常生活から意識して変えていくようにします。

❸ 普段から気持ちを明るくする
自分の魅力を引き出すには、普段から明るく機嫌よくしていることが大切です。その明るさが顔の輪郭に伝わり、好印象を与えられます。

❹ 人前で話す機会を多くつくる
大学のサークル活動やゼミで全体をまとめるなどの機会を増やすことで、人前で話すことへの抵抗感が少なくなっていきます。

❺ 面接に関する情報を収集する
相手(試験)を知らずして合格するのは困難です。自分が受ける自治体はどんな形式の面接なのかを確認しておきましょう。

❻ 自分の言葉による回答を用意する
面接でどのような質問をされるのかをある程度想定し、事前に回答を作成しておきます。とはいえ、準備した回答が全部話せるとは限らないので、臨機応変に答えられるようにしておきましょう。

MEMO : 合格できなかったときは……

教員採用試験の合格倍率は平均5〜6倍なので、当然ながら合格できないケースもあります。もし合格できなかったときは、とりあえず就職(講師になる)して経験を積むことをおすすめします。講師として経験を積んでおけば、翌年に試験を受けるときに役立つはずです。

Chapter4 教員の専門常識その4　中学・高校教員になるために

さまざまある採用試験の種類

- 合格する小論文を書くためのコツを覚える
- それぞれの試験の内容、求められることを把握する

小論文　早い段階から準備をしておく

　小論文は、教員採用試験でも配点が高い科目のひとつです。**試験の形式はさまざまですが、1時間前後で800〜1200字の文章を書くことが多いで**す。小論文に対して苦手意識がある人は、まずはよい論作文を読み、そこから合格できる小論文を書くためのコツを学びましょう。

　模範になる論作文を読んだあとは、そのよい部分を抜き出し、「正しい書き方の例」として頭に入れておきます。この「正しい書き方の例」の数を増やすことで、どんなテーマが出題されても柔軟に対応できるようになります。必要なのは地道な努力です。

👉 小論文が上達する5つのステップ

　小論文に苦手意識があるという人は、下の5つのステップを踏まえて練習していきましょう。また、誰かに添削してもらうと、書く力が上達していきます。

- 序論（冒頭部分）だけを何度も書く
- テーマになりそうな自分のエピソードや体験を200〜400字で書き出してみる
- 小論文の全体構成をメモ程度で書き出す
- 字数を制限して書く
- 60分や90分の制限時間内で練習をする

実技試験 応用レベルまでマスターする

　教員採用試験では、筆記や面接の試験のほか、実技試験があります。中学校・高校は教科別に教員免許状を取得するので、当然ながら小学校レベルよりも高い技術が求められますし、試験での実技の比重も高くなります。基本的な技術はもちろん、応用レベルまでマスターしておきましょう。

おもな実技試験の種類

- **英語** … グループディスカッション、ネイティブとの会話
- **体育** … 水泳、陸上競技、球技、器械運動
- **音楽** … ピアノ演奏、リコーダー演奏
- **美術** … 写生、立体構成、鉛筆デッサン、粘土制作
- **家庭** … 料理
- **技術** … 木材加工

適性検査 「採用してはいけない人材」を見抜く

　適性検査は「採用してはいけない人材」を見抜くためのもので、教員採用試験でも多くの自治体が実施しています。回答にムラがありすぎると「教員としての適性がない」とみなされ、落とされる可能性もあります。しっかりと対策をする必要はありませんが、「自分の人間性を省みる、よい機会」と思い、ある程度対策をしておきましょう。

おもな適性検査の種類

- **内田クレペリン検査** … 3から9までの1ケタ数字を単純加算していくもの
- **G性格検査（矢田部ギルフォード性格検査）** … 120問からなる質問に「はい」「いいえ」「?」の3種類で回答

MEMO ： 臨時採用教員になるには

　教員採用試験に合格できなかった人、合格しても採用に至らなかった人が次に進む選択肢のひとつに「臨時採用教員（講師）」があります。臨時採用教員には常勤と非常勤の2種類がありますが、応募すればすぐに採用されるわけではありません。

Chapter4 教員の専門常識その4　中学・高校教員になるために

私立学校の採用

● 私立の採用方法は、学校によって異なる
● 私立学校では指定校制度を採用している学校が多い

定期採用がほとんどない

　公立学校と私立学校の数を比較すると、小学校では公立が圧倒的多数を占めていますが、中学校・高校では私立校の割合が多くなります。とくに東京都では、私立高校の数が公立（国立・都立）高校の数を上回っています。

　私立学校は転勤がほとんどありません。そのため「一定の場所で長く教えたい」と私立学校の教員を志望する人もいます。しかし、私立学校では定期採用がほとんどなく、欠員が生じるタイミングで募集することが多いです。しかも非常勤での募集が多く、公立に比べるとその門戸はとても狭いです。まずは自分が受けたい学校のホームページなどをチェックし、どのような採用形式をとっているのかを確認しましょう。また学校を見学させてもらい、自分の目で雰囲気や校風を確認するのもよいです。私立学校の教員採用ではゼミの教授や出身校の恩師など、人のつながりが力を発揮することがあります。日頃から人とのつながり、人脈づくりを意識しておきましょう。

私学協会へ登録

　また、各都道府県にある私学協会の名簿に登録することも、私立学校の教員になる方法のひとつです。方法は私学協会によってさまざまで、適性検査や、履歴書の委託などがあります。まずはそれぞれの私学協会に連絡し、登録方法を確認しましょう。

指定校制度

　私立学校の多くが、指定校制度を採用しています。年度始めに教員の補充が必要な私立学校が大学就職部に求人を依頼する制度で、学生が求人票を見て応募するケースと、学校推薦が必要なケースがあります。

指定校制度のシステム

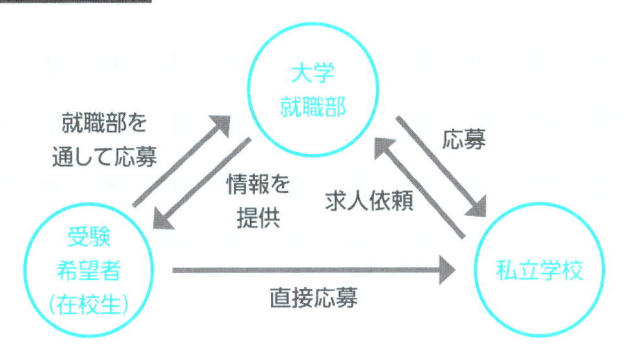

```
            大学
           就職部
    ↗  ↙        ↖  ↘
就職部を   情報を    応募
通して応募  提供
         求人依頼
  受験
  希望者  ─────→  私立学校
 (在校生)   直接応募
```

MEMO：特別選考で試験に合格する

　教員採用試験では、通常の選考枠とは異なる特別選考の枠があります。これは「特別な能力に秀でた人」を教員として採用することが目的で、一部の試験が免除になることもあります。対象者は、スポーツや芸術分野（音楽・絵画など）で優秀な実績がある、大学の成績が優秀、官公庁や民間企業などで働いた経験がある社会人です。しかし、相当秀でた実績でないと特別選考の対象にはならず、また自治体によっても基準が異なります。

特別選考のさまざまな種類

スポーツ … 国内外の大会で、優秀な実績を残した人
芸術（音楽・絵画）… 国内外のコンクールなどで実績や評価を得た人
社会人経験者 … 官公庁や民間企業などで働いていた人
教職経験者 … 教員や非常勤講師として一定期間の経験がある人
英語資格取得者 … TOEICやTOEFLなどで一定水準以上の成績を残している人
障害者 … 1～6級程度の身体障害者手帳の交付を受け、自力で通勤・職務遂行ができる人

▶ 他にも教職大学院修了（予定）者や教育委員会主催の「教師養成塾」などの修了者を特別選考する場合がある。

中学高校教員になるために
理解度チェック問題

問1 以下の文章の空白部に適切な語句を入れ、文章を完成させなさい。

　教員になるために必要な国家資格❶_____職員免許状は、一般的には教職課程がある大学で所定の教育を受けることで取得できる。教員免許状には❷_____免許状、❸_____免許状、臨時免許状の3種類があり、もっとも一般的なのが❷_____免許状である。

　❷_____免許状は学校の種類（小学校、中学校、高等学校など）や養護教諭、栄養教諭など7つに区分され、このうち中学校と高校は教科ごと（国語、数学など）の免許状となっている。

　さらに❷_____免許状は、修学レベルで❹_____免許状、一種免許状、二種免許状に分けることができる。❹_____免許状は修士の学位（大学院修了）を有することを基礎資格とし、一種免許状は学士の学位（大学卒業）、二種免許状は短期大学士（短期大学卒業）を基礎資格としている。免許状が違うと職務が異なるというわけではないが、二種免許状では❺_____の教員になることはできない。

　中学校や高校の教員免許が教科別になっているのは、子どもたちに専門的な教育を受けさせるためである。そして数学と理科など、複数の教科の教職免許を取得することは可能である。

　教員になるためには、❻_____試験を突破しなければならない。自治体によって形態はさまざまなので、おこなうべき対策も異なってくる。同じ「中学校教諭」でも、教科や地域によって合格倍率が異なるので、試験を受けるときは自治体の試験情報をチェックしておくとよい。

答え

問1 ❶教育　❷普通　❸特別　❹専修　❺高等学校（高校）　❻教員採用

問2 次の文章は、教員免許状の上進制度について記したものです。正しければ○、誤っていれば×を記しなさい。

❶ 教員免許状は、二種免許状を一種免許状にするなど、現状の免許状を上位免許状に上進させることができる。ただし、上進させるには一定期間以上の教職としての経験年数と、一定以上の科目と単位修得が必要となる。

❷ 一種免許状から専修免許状に上進させるには、3年以上の在職年数が必要である。また大学院で「教科または教職に関する科目」を10単位以上修得する必要がある。

❸ 二種免許状から一種免許状に上進させるには、3年以上の在職年数が必要である。

問3 次の文章は、特別免許状・臨時免許状について記したものです。カッコ内から適切な語句を入れなさい。

❶ 特別免許状と臨時免許状は、教員免許状を持っていない社会人や、持っている免許状以外の教科を担当するときに利用できる免許制度のことで、A（全国各地・各都道府県内のみ）で効力を発揮する。

❷ 特別免許状の有効期間はB（5年・10年）で、C（3年以上・5年以上）の在職年数と所定の単位修得で普通免許状を取得できる。

❸ 臨時免許状は、普通免許状を有する者が採用できないときに限り授与され、有効期間は原則D（3年・5年）となっている。

答え

問2 ❶○ ❷×（10単位以上ではなく15単位以上） ❸×（3年以上ではなく5年以上）
問3 ❶A.各都道府県内のみ ❷B.10年、C.3年以上 ❸D.3年

問4 次の中で「教職に関する科目」に該当しないものを選びなさい。

❶ 教育の基礎理論に関する科目

❷ 教科に関する具体的な知識・技能の修得を目的とした科目

❸ 教育課程および指導法に関する科目

❹ 生徒指導、教育相談、進路指導などに関する科目

❺ 教職の意義などに関する科目

問5 以下の文章が正しければ○、誤っていれば×を記しなさい。

❶ 特別支援学校教諭普通免許状は、かつて盲学校・聾学校・養護学校ごとに分けられていた免許状が一本化したものである。

❷ 教育職員免許法では、「特別支援学校の教員は、幼稚園、小学校、中学校又は高等学校の教諭免許状のほか、特別支援学校教諭免許状を有していなければならない」（第3条第3項）と定められている。そのため、特別支援学校の教員は必ず特別支援学校教諭免許状を有していなければならない。

❸ 養護教諭は保健室に常駐し、生徒のケガや病気に対処する。また、得意な授業科目があれば、科目の普通免許状を持っていなくても授業を受け持つことができる。

答え

問4 ❷
問5 ❶ ○ ❷ ×（教育職員免許法の第3状第3項の附則16の規定で、「当分の間」は特別支援学校教諭の免許状がなくても、特別支援学校で働くことが可能になっている） ❸ ×（養護教諭の普通免許状を有しているだけでは、授業を受け持つことはできない。ただし、保健指導を行うことはできる）

問6 次の文章は、教員免許更新制について記したものです。カッコ内から適切な語句を選びなさい。

❶ 教職員になるための免許状を、一定期間ごとに更新する制度を「教員免許更新制」という。学力低下やA（教育の質・教員の一斉退職）が問題視されるようになったB（1990・2000）年代から議論され、C（2009・2011）年4月1日から導入された。定期的に講習を受けることで、教員としての資質と能力を保持する狙いがある。

❷ 教員免許更新制では、免許状授与からD（5・10・15）年後に免許状を更新し、以後E（5・7・10）年ごとに更新していく。

❸ 免許状更新演習には、「教職についての省察並びに子どもの変化、教育政策の動向及び学校の内外における連携協力についての理解に関する事項」と「教科指導、生徒指導その他教育の充実に関する事項」がある。前者はF（10・12）時間以上、後者はG（15・18）時間以上が目安となっている。

❹ 免許状の更新演習は、有効期間満了日（終了確認期限）のH（2年2カ月・1年）前からI（半年・2カ月）前までの間に受講するのが原則となっている。

❺ 休職中に更新演習の時期を迎えた場合、有効期間の延長を申請することがJ（できる・できない）。

❻ K（優秀教員表彰者・勤続25年の教員）や校長・教頭など、教員を指導する立場の人は、更新演習を受けなくても免許管理者に申請するだけで免許状を更新できる。

答え

問6 ❶ A. 教育の質、B. 2000、C. 2009 ❷ D. 10、E. 10 ❸ F. 12、G. 18 ❹ H. 2年2カ月、I. 2カ月 ❺ J. できる ❻ K. 優秀教員表彰者

Column 5

通勤時の身だしなみ

▶ 信頼関係にも影響

　教員は学校内だけでなく、出勤・退勤時にも気をつけなければなりません。時間ギリギリで慌てることなく、余裕をもって出勤しましょう。時間にゆとりがあれば、授業の準備や気持ちにも余裕をもつことができます。

　出勤・退勤時には、生徒や保護者、地域の人たちとも会うことがあります。校外だからといって派手な格好、目のやり場に困るような開放的な格好、ラフすぎる格好をしていると、「この先生、本当に大丈夫？」と勘ぐられ、信頼関係を損ねるおそれがあります。教員は生徒の見本となるべき存在であり、生徒の服装が乱れていたら、それを指導する立場にあります。通勤の際は節度のある格好をするようにしましょう。

　出勤後は出勤簿に押印し、出勤時間までに出勤したことを証明します。なかには出勤後に部活動の朝の練習に直行して押印し忘れる人もいますが、遅刻・欠席とみなされることもあるので、十分気をつけましょう。

Chapter 5

覚えておきたい基礎知識その1
社会・時事

近年、中学校・高校を取り巻く問題は多様化しており、教員たちの負担も増し続けています。そこで、いじめや不登校、非行など、昨今の教育に関する問題を知り、その特徴を理解していきます。学校の安全は、教員が守らなければなりません。

> 本書の折り返しとなるChapter5では、教育に関する諸問題（いじめ、不登校、非行など）について、その概要と発生要因、そして解決・予防するための適切な指導法を紹介します。

Chapter5　覚えておきたい基礎知識その1　社会・時事

中学・高校で起こるいじめの特徴

● 近年のいじめの傾向について知る
● インターネット上のいじめの特徴を理解する

いじめはなぜ発生するのか?

　中学・高校のいじめは、「勉強ができる・できない」「運動ができる・できない」といった上下関係が生じることで、発生する場合があります。進学してから勉強についていけなくなり、自分の能力に限界を感じてきたときに発生しやすく、思いどおりに学校生活が過ごせなくなることでストレスが溜まり、そのはけ口としていじめに向かうという状況が生まれます。また、生徒は思春期特有の不安定な気持ちにとらわれ、それを払拭するために他の生徒を攻撃し、自分の心の安定をはかろうとする向きもあります。

　いじめの問題が発生したときは、「いじめはいじめた側が悪い」という毅然とした姿勢で指導すべきですが、ただ叱るのではなく「なぜいじめたのか」理由を聞き出すことも大事です。いじめる側の心の内を知り、いじめの再発防止につなげましょう。

👉 いじめの定義について

　本調査において、個々の行為が「いじめ」に当たるか否かの判断は、表面的・形式的に行うことなく、いじめられた児童生徒の立場に立って行うものとする。
　「いじめ」とは、「当該児童生徒が、一定の人間関係のある者から、心理的・物理的な攻撃を受けたことにより、精神的な苦痛を感じているもの」とする。
　なお、起こった場所は学校の内外を問わない。

（文部科学省「児童生徒の問題行動等生徒指導上の諸問題に関する調査」より抜粋）

増加するインターネット上で発生するいじめ

　近年は、携帯電話や情報端末を使ったインターネット上でのいじめが増えています。文部科学省の調査でも、仲間はずれや金品の要求などの手口は減っているものの、インターネットでのいじめは増えて傾向が見られます。

　ネットいじめは帰宅後におこなわれることが多く、いじめられている生徒は誰にも気づかれずに我慢しがちで、助けを求めにくく、教員もいじめの存在に気づきにくい傾向があります。

　インターネット上のいじめの手口には、SNSや学校の裏サイトなどを使っての個人攻撃、個人情報の無断掲載、悪質なチェーンメールの拡散などがあります。

「ネットいじめ」の例

❶ 個人の悪口や噂、デマなどを書き込む
インターネット上の掲示板やブログに特定の子どもの悪口などを書き込むというもの。また事実無根の噂や嘘を流すなど、学校生活に支障が及ぶような嫌がらせをするケースもある。

❷ 個人情報を無断でインターネット上に掲載する
インターネット上の掲示板やブログなどに、本人に無断で個人情報（電話番号や写真など）が掲載され、その結果、不特定多数の人物から嫌がらせのメールが届いたり、電話がかかってくることも。

❸ 特定の生徒になりすましてインターネット上で活動する
気に入らない生徒、いじめている生徒になりすまして掲示板などを無断で作成し、個人情報などを公開して、嫌がらせをする。

❹ 悪質なチェーンメールを送る
特定の生徒を誹謗・中傷する内容のメールを作成し、複数の人に送信するよう促す。

❺ 誹謗・中傷のメールを特定の生徒に送る
インターネット上で取得したメールアドレス（サブアドレス）を使って、誹謗・中傷のメールを送る手口。誰からメールが送信されたのかわからず、不安にさせる。

Chapter 5 覚えておきたい基礎知識その1　社会・時事

いじめを防ぐ方法

- いじめられた生徒へ、いじめた生徒への対応を理解する
- すべての生徒に活躍する機会を与えるなど、いじめを未然に防ぐ手段を知る

生徒同士の関係にも気を配る

　いじめを未然に防ぐには、その発生源となる「上下関係」を崩すことが必要です。例えば、勉強が苦手な生徒には苦手科目をきちんと指導して自信をつけさせたり、運動で活躍できない生徒には活躍できる場面を与えたりします。生徒全員に活躍できる機会を設けることが重要です。

　そして、生徒たちが満足する授業をしながら、生徒同士の関係を築くようにします。生徒同士の関係が分断していると、少人数のグループが形成され、他グループとの対立が生じやすくなります。クラスの団結力と組織づくりを学級担任が率先しておこない、いじめの発生率を低下させるようにします。

いじめの傍観者への対策も必要

　「いじめを絶対に起こさない方法」というものは、今の段階では残念ながらありません。そのため、生徒がだす「小さなサイン」を見逃さないことが大事です。また、いじめが発生したときは教員も独力で解決しようとせず、保護者や同僚の教員と連携をとりながら解決にあたりましょう。

　そして、いじめた側といじめられた側だけでなく、「いじめを見て見ぬふりをした傍観者」がただ見ているだけではなく、すぐに教員に事実を伝えるよう教育することも、いじめ対策の手段のひとつです。

いじめへの対応

❶ 生徒が交流できる環境を設定する

学校生活で、ストレスを抱えてしまっている生徒のなかには、他の生徒をいじめることで憂さを晴らしたり、心の安定を求めたりする生徒もいます。

そうしたストレスを抱えている生徒は、まわりの生徒と溶け込めていない場合もあるので、勉強や運動などでみんなと仲良く交流できる場と機会をつくってあげましょう。

❷ 生徒がだす小さなサインを見逃さない

自分から「いじめられている」と訴える生徒はあまり多くいません。

そのため、「早退や遅刻が増えている」「いつも1人でいる」「急に成績が下がった」「付き合う友達が変わる」「表情が暗い」「からかわれている」といった、小さなサインを見逃さないようにします。

❸ 保護者や同僚の教員と連携をとる

いじめが起きたら生活指導主任や管理職、学年主任、養護教諭、カウンセラーなどと連携をとり、対応を検討します。

また、いじめられた側の保護者にも連絡を入れ、家庭での様子をヒアリングして、今後の対応策を図っていきます。

いじめ問題に対する基本的認識

❶ 「弱いものをいじめることは人間として絶対に許されない」との強い認識を持つこと

❷ いじめられている生徒の立場で親身な指導を行うこと

❸ いじめは家庭教育の在り方に大きな関わりを有していること

❹ いじめは、教員の児童生徒観や指導の在り方が問われる問題であること

❺ 家庭・学校・地域社会など全ての関係者がそれぞれの役割を果たし、一体となって真剣に取り組むことが必要であること

文部科学省「いじめの問題に関する総合的な取組について」より作成

Chapter5　覚えておきたい基礎知識その1　社会・時事

不登校の要因

● 中学・高校生が不登校になる要因を知る
● 不登校が長引くことによって生じる弊害や問題を考える

実情によって異なるケース

　「不登校」といっても、その生徒が抱えている問題によって実情は異なります。例えば、学校にまったく行けない「完全不登校」の生徒のなかにも、家から一歩も出られない完全引きこもりタイプ、近くのコンビニエンスストア程度なら、外出できるタイプがあります。また、夜の繁華街に出かけた結果、非行に走ってしまうケースもあります。それ以外にも、学校に来ても自分の教室には入れないタイプ、部活動だけには参加できる生徒など、部分的に不登校という場合もあります。

生徒によって異なる不登校の理由

　不登校になる要因も、生徒によってそれぞれ違います。要因のひとつに挙げられるのが学習の問題です。勉強についていけなくなって自信を喪失し、学校が楽しくなくなり、不登校に陥る生徒がいます。
　また、思春期特有の人間関係の煩わしさに嫌気が差してしまい、学校に行けなくなるという場合もあります。発達障害の生徒の場合は、他の生徒と比較して、自尊感情が低下して心を閉ざすようになり、学校に行けなくなるケースもあります。ほかにも、何もやる気が出なくなった状態の「無気力」や、保護者への反発などによる「意図的な不登校」もあります。

主な不登校の要因

学校生活での問題

「勉強についていけない」「人間関係で悩みがある」など、学校生活の問題で不登校になるケース。学校そのものに嫌悪感を示すようになり、登校できなくなります。また、発達障害（ADHD、LDなど）が原因で不登校になるケースもあります。

無気力

「受験で燃え尽きた」「学校生活が理想と違った」「頑張りすぎて疲れた」など、さまざまな理由で気力がなくなり、不登校になるケース。電話や家庭訪問などで接触を続け、無気力の状態から、前に進みたいと思う気持ちを取り戻してもらうようにします。

非行に走る

素行が悪い友人のグループと一緒に行動するうちに、学校に来なくなるケース。中学・高校生の時期にとくに見られるパターン。保護者からの愛情不足で非行に走る生徒もいるので、生徒の立場になって改善を探ることが求められます。

意図的な不登校

過保護、または完璧主義の保護者の束縛から逃れたいという「保護者への抵抗」、学校に行く意義を感じられなくなり、不登校になるなど、自分の主張に基づいて不登校になるケース。意志が固いので、信頼関係を構築しながら、粘り強く話し合っていく必要があります。

MEMO：不登校が長引くと…

不登校が続くと進学や就職に影響し、社会的な立場に支障をきたすことがあります。長引くと社会復帰が難しくなるため、生徒の悩みを一緒に解決することが求められます。

5 覚えておきたい基礎知識その1 社会・時事

不登校の解決法

- 不登校の兆候が見られたときの対処法を考える
- 学校に通わない（通えない）生徒に対し、どう接するべきか知る

兆候が見えたときの初動対応が大事

　不登校の問題で大切なのは、生徒が学校に来られなくなってしまう要因に早めに気づき、解決に向けて取り組むことです。その生徒が勉強につまずいていれば苦手な科目のサポートをし、人間関係に悩みがあれば、普段から人間関係の構築に教員が力を注ぐことが大事です。

　不登校になりそうな兆候が見えたとき、一番大事なのが初動の対応です。きちんと生徒の話を聞かなかったり、対策が遅れたりすると、そこから巻き返しを図るのが難しくなります。長期的に不登校になっている生徒に対しては、その生徒の友達に協力を依頼したり、クラス全体でその生徒を迎え入れる雰囲気づくりをするなど、辛抱強く取り組む必要があります。

進学などで自然に解決する可能性もある

　いったん不登校になった生徒を、再び学校に通わせるようにするのは困難なことです。しかし、小学校から中学校、中学校から高校に進学するタイミングで、不登校が解決することは少なくありません。

　また、学年が上がり、その生徒を取り巻いていた環境が変化することで、学校に通い始めるケースもあります。ただし、「学年（学校）が変われば不登校も解決するはず」と考え、放置してしまうのは教員として無責任です。

このような兆候が見られたら要注意

「1人で教室にいることが多くなった」、「食欲がなくなった」、「保健室に行く頻度が増えた」、「部活動を休むことが多くなった」など、不登校の"前兆"と見られる行動が目立つようになったら、「どうしたの？」「大丈夫？」など、生徒に声をかけるようにしましょう。自然に声をかけることで、生徒に対して「いつも見守っているよ」と、安心感を与えることができます。また、無理に悩みの原因などを聞き出すのではなく、生徒本人から悩んでいることを話せる環境をつくってあげましょう。

不登校が続く生徒への対処法

不登校になっている生徒には連絡を取り続け、自分がまだ学校とつながっていることを意識させる必要があります。定期的に電話や家庭訪問をして、学校の様子を伝えてあげましょう。ただし、過剰な励ましの言葉は、生徒に対してプレッシャーをかけてしまう場合もあるので、注意が必要です。そして、不登校の問題は担任1人で抱え込まず、管理職や生活指導主任、カウンセラーなどまわりの人の協力を得ながら対応していきましょう。

MEMO： 不登校の解決に取り組む学校

地域によって異なりますが、不登校や引きこもりを防ぐための取り組みをしている学校があります。代表的なのは、東京の昭和学園、長野の箕輪進修高校などです。このほか、不登校の生徒が悩みを打ち明けられるようにカウンセリングをおこなうなど、不登校の問題に取り組んでいる学校もあります。

Chapter5 覚えておきたい基礎知識その1　社会・時事

生徒の非行への対応

- 中学・高校生が起こす非行の内容とその問題点について
- 頭髪や服装の乱れに対する指導のポイント

要因で多いのは保護者との関係の稀薄さ

　中学生や高校生になると、生徒によっては非行が目立つようになります。非行の初期段階には服装や頭髪の乱れ、遅刻や欠席、夜遊びや不純異性交遊、といった「生活の乱れ」が現れます。これがエスカレートすると、飲酒や喫煙、薬物、器物破損などの違法行為に走るようになります。

　生徒が非行に走る要因として多いのが、保護者との関係の希薄さです。保護者の愛情不足や無理解などのほか「勉強についていけない」、「学校生活が自分の思うようにいかない」、「友人関係の悩み」なども、非行の原因と考えられています。

学級崩壊を立て直すのは難しい

　そして非行ほどの問題行動ではありませんが、学級崩壊させてしまう生徒の行動の"荒れ"も問題視されています。小学校でも学級崩壊は問題になっていますが、中学生は心身が小学生より発達していることもあり、問題行動のレベルが増していきます。学校で不適応を起こし続けた生徒が、問題行動を起こして学級を"崩壊"させることもあります。ひとたび学級が崩壊すると、それを立て直すのは容易ではありません。同じ担任のままで正常な状態にするのは難しいです。「この人の言うことなら聞こう」と生徒から信頼されるような教員になることが求められています。

生徒の非行に対する指導のポイント

頭髪・服装

「乱れ」を見逃さない

頭髪や服装に対する指導は、乱れを発見したときに、その都度おこなうようにします。生徒の乱れを見逃したままにしておくと、生徒は「大丈夫」と思うようになり、ますます乱れていく可能性があります。ただし、頭ごなしに注意すると逆効果になる場合もあるので、「なぜ髪を染めるといけないのか」「どうして服装が乱れているとダメなのか」という、学校の規律について、きちんと説明して生徒を納得させるようにします。

飲酒・喫煙

学校と家庭の連携

生徒の飲酒や喫煙は違法行為ですので、毅然とした態度で対応していきます。一方で、なぜ生徒がこのような行動にでたのか、その背景を把握しましょう。勉強や友人関係に対するストレスが生徒の問題行動の要因かもしれませんし、単純に興味本位によって引き起こされた可能性もあります。飲酒や喫煙などの事実が発覚した場合は、学校で連携をはかりつつ、家庭との連絡も密にすることが求められます。

長期休暇前後の指導ポイント

教員の目が行き届かなくなる長期休暇中は、生徒の生活が乱れがちです。トラブルを未然に防ぐため、休暇の前後にしっかりと指導をしておきましょう。

● 休暇前

休暇前の学級活動では、トラブルに気をつけるよう注意します。保護者会では、休暇中の家庭での監督指導を保護者にお願いしましょう。「少しだけなら大丈夫」と髪を染めたり、違法行為があれば、のちに大きなトラブルの発生になる可能性があります。最初の取り組みや対策が重要です。

● 休暇中

学校には補習や部活動などで登校する生徒もいるので、生徒と会ったときには明るく声をかけるようにします。

● 休暇明け

頭髪や服装が乱れていたら、早急に直させます。また、ホームルームの時間などを使って生徒から休暇中の様子などを聞いたり、新学期への意欲が高まるように前向きな話をしましょう。

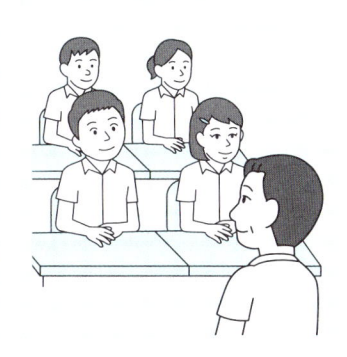

Chapter5　覚えておきたい基礎知識その1　社会・時事

暴力的な生徒への対応

- 暴力をふるう生徒には、どのように対処すべきか?
- 生徒の暴力行為をやめさせるための指導法を知る

生徒との信頼関係を深める

　文部科学省では、生徒の暴力行為を「生徒間暴力」「対人暴力」「対教師暴力」「器物損壊」の4形態に分けています。

　中学・高校生は体格も成熟して大人とほぼ同格になるため、暴力行為は相手に深刻な被害を与えてしまうおそれがあります。生徒には暴力の危険性を正しく説明し、指導する必要があります。

　生徒がすぐに暴力をふるったり、言動が乱暴になったりする背景には、「学校や家庭に自分の居場所がない」、「相手とのコミュニケーションが苦手」、「人に認めてもらえないストレスを暴力で解消する」などがあります。このような事態にならないようにするには、生徒との信頼関係を深めることが大事です。

生徒には公平に接する

　暴力行為が発生したら、まず最初に暴力をふるった生徒に事情を聞きます。生徒同士のケンカの場合はそれぞれの言い分を公平に聞くようにして、状況の全体的な把握をすることが肝心です。そのあとに、「暴力がなぜいけないのか」などを説明しますが、このとき、教員は感情的にならないように気をつけなければなりません。

　このような問題が発生したときは、生徒同士がお互いを大切にして、尊重し合えるクラスづくりのきっかけにしていきましょう。

暴力行為の防止策

● 暴力行為がいけないことを理解させる

どのような理由であれ、暴力は絶対にふるってはいけない、暴力では何も解決しないことを生徒に説明します。このとき、生徒たちが納得する「暴力をふるってはいけない理由」を、暴力をふるった本人だけでなく、まわりの生徒にも理解させます。

● 教員自身が学び続ける

教員の稚拙なふるまいや、授業力のなさが生徒の"荒れ"を引き起こすこともあります。教員は常に学び続け、自分を磨いて「信頼される教員」になることが、生徒の暴力行為を減らす近道にもなります。

● 生徒のよさを見つけてほめる

教員が生徒一人ひとりの個性を認め、ほめることで生徒に自信を持たせます。ほめられると、「もっと頑張りたい」と思うようになると同時に我慢することも覚え、規範意識を高めることができます。

📝 MEMO：謹慎・停学中の生徒への対応

中学・高校生になると、暴力行為や、非行などで、謹慎や停学処分を受ける生徒も出てきます。処分を受けた生徒は「自分はもうダメだ」「教員はわかってくれない」という意識を持っていることが多いですが、起きてしまったことをいつまでも責めて、生徒を「ダメな存在」として扱うと、生徒の「負の感情」はますます増幅されてしまいます。原因について責めすぎず、「自分を大切にしよう」「一緒に頑張ろう」といったメッセージを粘り強く発信し続けるようにしましょう。

○ 原因を責めすぎず「一緒に頑張ろう」などのメッセージを粘り強く発信する

× 人格を否定するなど、生徒を「ダメな存在」として扱う

覚えておきたい基礎知識その1　社会・時事

Chapter5　覚えておきたい基礎知識その1　社会・時事

体罰と虐待

- 体罰や虐待が、生徒にどんな影響を与えるのかを知る
- 子どもに与える保護者の影響力を理解する

体罰と指導の境界線

　体罰はかつて「教育のため」と称しておこなわれていました。しかし、**体罰が社会問題として取り上げられるようになり**、学校教育法の第11条において、「校長および教員は、懲戒として体罰を加えることはできない」と定められてからは減少傾向にあり、**体罰をする教員の数は着実に減っています**。それでも、体罰が完全になくなったというわけではありません。教員のなかには指導のつもりで手をあげてしまったり、厳しい言葉を放ったりしたことが、体罰とみなされるケースもあります。

　現在の教育現場では、**体罰と指導の境界線が曖昧**ですが、まずは生徒に対して手をあげないということは大前提です。暴力では何も解決しないことを教える立場の先生が、暴力で生徒を押さえつけようとするのは明らかに矛盾しています。

生徒が納得する方法を考える

　また、近年は「言葉の暴力」も問題になっています。生徒に直接手をあげなくても、体罰ととらえられるケースがあります。しかし、それをおそれて生徒に何も言わないのは教育者としての資質が問われます。生徒に注意するときは、**どう言えば生徒が納得するのかを冷静に考え**、**生徒が理解するまで話し合う**。これが指導です。

保護者の態度で子どもの性格が変わる

　保護者の態度と子どもの性格は、「サイモンズ式分類」によって4つのタイプ（下の表参照）に分けることができます。保護者が暴力的だと、子どもの性格形成に影響を及ぼすだけでなく、子どもが親になったときに同じことを繰り返す可能性があるとされています。

　保護者から虐待を受けている子どもがいたら、教員1人だけでは対応せず、必ず学年主任などに協力を求めるようにしましょう。虐待を受けている子どもは愛情不足の場合が多く、教員は親身になり愛情を補ってあげましょう。

サイモンズ式分類による保護者の態度と子どもの性格

支配型	服従型
保護者が子どもを支配するような態度をとると、子どもは保護者の顔色をうかがい、従順で服従的な態度を見せるようになる。	保護者が子どもの言いなりになっていると、子どもは「無責任」「暴力をふるう」「人に従わない」性格になりやすい。

保護型	拒否型
保護者が子どもを守ろうという態度で接すると、子どもは「守られている」という安心感を得て、人に対して優しくなれる。	保護者が子どもに対して冷淡な態度をとり続けると、子どもは不安や劣等感にさいなまれ、神経質になりやすい。

MEMO：教員を挑発する「モンスターチルドレン」

　学校や教員に対して狡猾に反抗する生徒を、「モンスターチルドレン」といいます。教員が指導をすると教員たちが何をされたら困るのかを見透かしたうえで乱暴な言葉を使うなどして、反抗してきます。教員と生徒の間で人間関係が構築できていないのが、モンスターチルドレンを生む原因でもあるので、生徒に何を言われても動じず、挑発には乗らず、体罰と思われるような行動をしないように冷静さを保つことが重要です。

Chapter5　覚えておきたい基礎知識その1　社会・時事

生徒との関わり方

- 男子生徒、女子生徒が持つ特性を知る
- それぞれに適した接し方で指導する

男子生徒　一方的に指図しない

　中学・高校生と接するときは、生徒との関係が「友達」にならないことが大事です。また、生徒の機嫌をとってばかりいると、教員としての威厳が保てなくなります。教員は威厳を保ち、先生の言うことを聞かなくてはならないという雰囲気をだす必要があります。

　男子生徒は中学3年間で体が大きく成長し、高校の3年間で精神的にも成長します。ただし、その過程で反抗期を迎え、保護者や教員に対して口ごたえしたり、ときには手をだすなど反抗的な態度をとるようになります。生徒が悩みを抱えているようであれば、話を聞き、真剣に生徒と向き合うようにしましょう。

男子生徒との関わり方のポイント

- **一方的に指図しない**
  反抗期に「あれをしなさい、これをしなさい」と指導するのは逆効果になる場合があります。生徒の様子を十分に観察しながら接するようにします。
- **生徒を認める**
  男子生徒は大勢の前でほめて、認めてあげることで自尊感情が高まり、成長する傾向があります。そしてその結果、教員に対する信頼度も高まっていきます。
- **本音を言うなら同性の教員に**
  男子生徒にはデリケートな部分もあり、女性教員に対してなかなか本音が明かせない面もあります。本音を聞きだしたいときは、男性教員と話し合うのが効果的な場合があります。

女子生徒 公平に接する

　女子生徒は、中学校に入学した時点では男子生徒よりも精神的に大人びていることが多いです。また2～3人の少人数で固まることが多く、グループ内外でのねたみなどが増えます。それが表面化することは少なく、それゆえに教員が問題点に気づかないこともあります。

　一方、集団の前でうっかりほめるなど、教員の何げないふるまいがトラブルにつながることがあります。ねたみなどの感情を生む可能性があるので、えこひいきをせず公平に接することを心がけましょう。

女子生徒との関わり方のポイント

- **指導に差をつけない**
  特定の生徒をえこひいきしていると感じ取られると、それが女子生徒間の不和やトラブルを引き起こすこともあります。なるべく公平に接するように心がけましょう。

- **トラブルがあったときは双方の話を聞く**
  片方の言い分だけを聞くのではなく、双方の言い分を聞きます。そして、すべてを指導するのではなく、自分たちで解決できる部分は、自分たちで解決させます。

- **男性教員は身だしなみに気をつける**
  中学・高校の女子生徒は、父親も含め中年男性を嫌悪する傾向があります。そのため、ヘアスタイルや服装など、身だしなみには気をつけるようにしましょう。

MEMO: 生徒の男女交際で気をつけること

　中学・高校生になると異性が気になり、交際を始める生徒が増えてきます。これは人間の成長過程において必要なことなので、教員が必要以上に警戒すると、生徒の純粋な心を歪めてしまうおそれがあります。交際は認めつつも「学校内のルールやマナーを守る」「学業をおろそかにしない」などルールを再確認し、守らせるようにしましょう。

Chapter5　覚えておきたい基礎知識その1　社会・時事

困った保護者への対処法

- 困った保護者への対応を身につける
- クレームは自分の成長のチャンスととらえる

初動対応が何よりも大事

　教育問題のなかで、とくに難しいのが「保護者への対応」です。意見の行き違いから誤解が生じ、保護者からクレームを受ける機会も多くなってきています。保護者から相談、クレームを受けたときの初期の対応が非常に重要です。初動対応が不適切だと、保護者の学校に対する不信感が強まってしまいます。話は保護者の立場になって聞き、不満に思っていることを理解しようとする気持ちで接しましょう。

　ときには教員の判断や行動に、保護者が不満を持っていることもあります。その場合は、教員側が意図を具体的に伝え、理解してもらうように努めましょう。

直接会って話すことが大切

　話がこじれる前に、電話やメールではなく、直接会って話すことが何より大切です。顔を合わせて話すことで、お互い冷静に話し合える場合があります。このとき1人で対応するのではなく、頼れる同僚教員にも立ち会ってもらうようにしましょう。

　まずは、保護者に誠実に対応することが重要です。真剣に生徒のことを考え、話に耳を傾ける教員であれば、保護者は信頼を置くようになります。クレームを単なる厄介事とせず、「教員としてのスキルをみがくチャンス」と前向きにとらえるようにしましょう。

多様化する保護者のタイプ

価値観の多様化にともない、困った保護者のタイプもさまざまです。

不平不満型
「どうなっているんですか?」

不平不満をストレートに訴えるタイプ。自分の主張を通すため、法律や権利を振りかざす人もいます。教員は、生徒の立場を第一にしっかり考えているという姿勢を示す必要があります。

上から目線型
「最近の若いモンは…」

人生経験豊富な保護者が、若手の教員に対して優越的な態度をとるタイプ。教員を下に見ていたり、逆に劣等感を抱いていたりする場合があります。冷静で丁寧な対応が求められます。

非を認めない型
「ウチの子は悪くありません!」

自分や子どもは悪くないと考えて、決して非を認めないタイプ。保護者自身が責められていると思い込むこともありますので、保護者の責任を問うているのではないことを伝えましょう。

無関心型
「ほっといてくれ」

自分の子どもに対してあまり興味を示さないネグレクトタイプ。子どもを放って遊びに行ったり、食事を作らなかったり、ひどい場合は子どもに暴力をふるう場合もあります。

自己中心型
「息子の通知表の評価おかしくないですか?」

理不尽な理由をつけて「担任を代えてほしい」など、自分の子どもがかわいいあまり、学校や教員にいきすぎた要求をするタイプ。過干渉・過保護な親である場合があります。

ノーモラル型
「もしもし」

常識と非常識の区別がつかないタイプ。授業中や真夜中に電話してきたり、「○○は以前に家族旅行で行ったので、修学旅行の場所を変更してほしい」など、理不尽な要求をしてきます。

困った保護者のクレーム例

- 実績や能力に構わず、部活動で自分の子どもをレギュラーにしてほしい
- 「提案を受け入れないのであれば、事実を世間に公表します」と教員に迫る
- 「子どもの成績が上がらないのは教科担任のせい」と一方的に非難する
- 生徒間でトラブルが起きたとき、加害者側にもかかわらず一切謝らない
- 給食費を払わないことを正当化する

Chapter5　覚えておきたい基礎知識その1　社会・時事

インターネット社会でのトラブル

- インターネットや携帯電話関連の危険性を理解する
- ネット経由で個人情報が漏れたときのリスクを知る

中学・高校生の携帯電話所持率は増加傾向

　情報機器の普及にともない、インターネットや携帯電話（スマートフォン）関連のトラブルも増えています。メールやSNSなどは便利な連絡手段ですが、相手の顔が見えないので細かなニュアンスが伝わりません。そのため、ケンカやいじめにつながることもあります。

　内閣府が調査した「青少年のインターネット利用環境実態調査」（平成26年度）によると、中学生の79.4％、高校生の95.8％がいずれかの機器（スマートフォン、パソコン、タブレットなど）でインターネットを利用しています。また厚生労働省研究班の調査（2012〜2013実施）によると、中学・高校生の推測51.8万人が携帯電話やパソコンに没頭するインターネット依存になっているという結果もあります。

学校や保護者がネットの使い方を教える

　教員は日ごろからネットに関するマナーや危険性、知識を生徒に教える必要があります。また、生徒が携帯電話などを利用するのは校外がほとんどなので、保護者との連携が欠かせません。学級通信や保護者会などで、家庭にもネットの危険性と使い方を啓発していきましょう。

　教員のなかには「ネットや携帯を使わせなければいい」と考える人もいますが、校外までそれを適用させるのはほぼ不可能です。そのため「使うな」の一点張りではなく、「ネットとの正しい付き合い方」を教えるようにしましょう。

インターネットのトラブル例

インターネットのサイトは、世界中につながっています。そのため一度トラブルが起きると、その影響が広範囲に及ぶということを忘れてはいけません。

❶ 個人情報がもれる

個人情報（名前、住所、電話番号、メールアドレスなど）がもれると、知らない相手から嫌がらせのメールや、しつこい勧誘、架空請求など、さまざまな方法で悪用されるおそれがあります。個人情報はネット上に書き込まないよう生徒に指導しましょう。

❷ オンラインゲームで高額請求される

スマートフォンやタブレットなどを利用して遊ぶオンラインゲームでは、アイテムなどを購入しすぎて、思いがけない金額を請求されることがあります。実際に高額請求された例などを交えながら、注意喚起することが必要です。

❸ 不適切な書き込み

ブログやSNSなどで書き込んだ内容が拡散して"炎上"するトラブルは増加傾向にあります。炎上が激化して個人情報が特定され、嫌がらせなどに遭うケースもあります。

❹ 著作権のトラブル

著作物に対して、著作権者の許諾を得ないまま違法ダウンロードをすると、著作権の侵害になります。軽い気持ちで故意にアップロードや、ダウンロードをすることはトラブルに発展する可能性があります。

MEMO　携帯電話にフィルタリングをかける

中学・高校生が携帯電話やスマートフォンを購入する場合、フィルタリングをかけることが事業者に義務づけられています。フィルタリングは、出会い系サイトなどの有害サイトにアクセスできなくなるサービスです。しかし、メールや掲示板など、フィルタリングのかからない範囲でもネットトラブルは起こる可能性があります。「フィルタリングがかかっているから大丈夫」と油断してはいけません。

Chapter5　覚えておきたい基礎知識その1　社会・時事

校内の安全管理

● 不審者の侵入など、学校生活における危険を知る
● 危険ドラッグや交通事故への対策法を理解する

危機管理意識

　学校の門を施錠する、厳しく鍵の管理をするなど、学校の安全管理は厳重になってきています。文部科学省でも、2002年（平成14）以降、「子ども安心プロジェクト」を推進し、危機管理意識の向上を図っています。

　学校の危機管理には、事前の危機管理（リスク・マネージメント）と事後の危機管理（クライシス・マネージメント）が必要です。管理職が主体となって危機管理体制をつくり、保護者や地域、各関係機関と連携を図りながら、適宜、訓練を実施し、事件や事故が発生した際の優先順位を明確にしておきます。

　また、生徒たちが応急手当てやAED（自動体外式除細動器）を使えるよう、救命処置の学習・指導をしておきましょう。

👉 不審者の侵入に求められる教員の役割例

　不審者が校内に侵入したときに備えて、あらかじめ教員間で対応の役割が決められています。また、予想していなかった事態が起きたときに柔軟に対応できる心構えも必要です。

具体的な行動
- 全体の指揮
- 不審者への対応
- 避難誘導と安全の確保
- 応急手当てと医療機関への連絡
- 生徒の安否確認
- 保護者などへの連絡
- 外部との対応
- 電話対応や記録

薬物の危険性

　覚せい剤やシンナーなどの薬物トラブルは、中学・高校生にも広がりつつあります。とくに危険ドラッグ（おもに麻薬や覚せい剤の構造を変えた薬物）は法律による規制が追いつかず、合法で入手できた時期もありました。そのため、中学・高校生を対象とした調査でも28.43％近くが「危険ドラッグは簡単に手に入ると思う」と回答しています。薬物の危険性を十分に理解していないケースも多々あり、その危険性を啓発していく必要があります。

危険ドラッグが入手可能と考える中学・高校生の割合（首都圏）

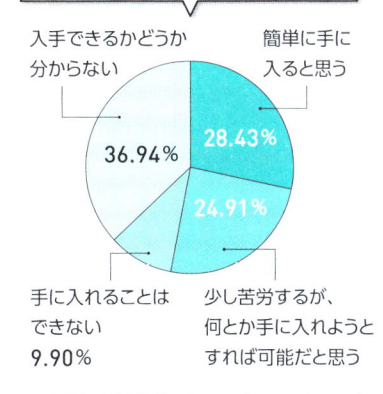

- 簡単に手に入ると思う　28.43％
- 少し苦労するが、何とか手に入れようとすれば可能だと思う　24.91％
- 手に入れることはできない　9.90％
- 入手できるかどうか分からない　36.94％

※日本薬物対策協会が2014年9〜12月に実施した調査。数値については参考資料の通りに入れています。

交通事故

　中学・高校生がとくに気をつけるべきものが自転車による事故です。被害者になるだけでなく、加害者になるリスクもあり、場合によっては数千万円の賠償金を請求されることもあります。そのため、自転車利用時に潜む危険を理解させ、定期的に声をかけて生徒の交通安全意識を高めましょう。

MEMO　災害時の対応

　災害が発生したときは、生徒の安全を第一に考えましょう。自分の家族の様子も気になると思いますが、まずは生徒や地域の安全を優先し、率先して安全確保などの行動をとらなければなりません。教員がパニックに陥っていると、生徒にもその不安が伝染してしまいます。落ち着いて行動し、生徒の不安を鎮めましょう。

Chapter5　覚えておきたい基礎知識その1　社会・時事

学校選択制とへき地教育

- 学校選択制のメリットとデメリットについて理解する
- へき地教育の現状と問題点について知る

学校選択制　保護者や生徒が満足できる学校に通える

　公立学校選択制は、児童や生徒が進学する公立の小学・中学校を保護者が選択できる制度です。「学校間の競争で教育の質が向上する」「保護者や子どもが満足できる公立校に通える」などのメリットから、学校選択制を採用する地域は増加傾向にあります。

　また学校選択制は、いじめや不登校を解決するきっかけにもなっています。小学校から中学校に上がるタイミングで、いじめっ子と別の学校を選ぶことでいじめに悩まされる心配がなくなり、明るくなったという例も少なくありません。

　ただし、学校間の競争が激しくなることで格差が生じるなど、「教員の負担が増す」という理由から、学校選択制に反対する声も出ています。

学校選択制のメリットとデメリット

メリット
- いじめや不登校が解決するきっかけになる
- 子どもや保護者が満足できる公立校に通える
- 学校間の競争で教育の質が向上する

デメリット
- 学校間の競争が激しくなり、格差が生じてしまう
- 希望の学校に通えない可能性もある
- 地域生活圏の分断が進み、地域の教育力が落ちる場合がある

へき地教育 ＜ 生徒と深く関われる

　山間や離島など、生活に不便な場所でおこなわれる教育を振興するために定めた法律を「へき地教育振興法」といいます。

　へき地に赴任する教員は、単身赴任を余儀なくされる場合も少なくありません。そのためへき地手当が支給されたり、職員住宅が用意されるなど、待遇がよいケースもあります。また、へき地の等級は「へき地教育振興法施行規則」により、一級から五級まで定められています。数字が大きいほどへき地の度合いが大きく、へき地手当の額も高くなります。

　また、へき地は生徒の人数が少ないので、生徒一人ひとりを深く関わることができます。そのため、教員のなかには「個人の能力に合わせた教育指導ができる」とへき地教育に魅力を感じている人もいます。

へき地教育振興法

第四条（都道府県の任務）
都道府県は、へき地における教育の振興を図るため、当該地方の必要に応じ、次に掲げる事務を行う。
　一　へき地における教育の特殊事情に適した学習指導、教材、教具等について必要な調査、研究を行い、及び資料を整備すること。
　二　へき地学校に勤務する教員の養成施設を設けること。
　三　前条に規定する市町村の事務の遂行について、市町村に対し、適切な指導、助言又は援助を行うこと。
　四　その設置するへき地学校に関し、前条各号に掲げる事務を行うこと。
2　都道府県は、へき地学校に勤務する教員及び職員の定員の決定について特別の考慮を払わなければならない。
3　都道府県は、へき地学校に勤務する教員の研修について教員に十分な機会を与えるように措置するとともに研修旅費その他研修に関し必要な経費の確保に努めなければならない。

※第一条ではへき地教育の目的、第二条ではへき地教育の定義、第三条は市町村の任務、第五条ではへき地手当について定められている。

社会・時事 理解度チェック問題

問1 次の文章は、いじめについて記したものです。正しければ○、誤っていれば×をつけなさい。

❶ いじめは校内で起こったものを指し、校外で起きたものはいじめと認められない。

❷ いじめは物理的な攻撃だけでなく、心理的な攻撃を受けて精神的な苦痛を感じたものも該当する。

❸ 個々の行為がいじめにあたるかどうかの判断は、いじめられた児童、生徒の立場でおこなうものではない。

❹ 中学校・高校のいじめは、「勉強ができる・できない」「運動ができる・できない」といった上下関係が生じることで、発生することが多い。

❺ 携帯電話や情報端末を使った「ネットいじめ」は、校外よりも校内で行われることが多い。

❻ いじめを解決するには、いじめた側といじめられた側だけでなく、「いじめを見て見ぬふりをした傍観者」への対策も大事である。

❼ いじめが起きたら、生活指導主任や管理職、学年主任、養護教諭、そしてカウンセラーなどと連携をとって対応する。ただし、保護者に連絡する必要はない。

答え

問1 ❶ ×（校外で起きたものもいじめと認められる） ❷ ○ ❸ ×（いじめられた児童、生徒の立場でおこなうものとする） ❹ ○ ❺ ×（校内よりも校外で行われることが多い） ❻ ○ ❼ ×（保護者にも連絡をし、連携をとる必要がある）

問2 次の文章は、不登校について記したものです。正しければ○、誤っていれば×をつけなさい。

❶ 不登校は、学校にまったく来ることができない状態のことのみを指す。

❷ 不登校の要因のひとつに、「勉強についていけなくなって学校が楽しくなくなり、自然と行かなくなる」という学習の問題がある。

❸ 不登校を解決するには、その要因に合わせて対処していく必要がある。

❹ 不登校が起きたのは学級担任のせいなので、担任が1人で解決しなければならない。

❺ 不登校の問題は慎重に対処する必要があるので、兆候が見えた段階では動かないほうがよい。

❻ 不登校に一度なってしまうと、そこから復活するのはなかなか難しい。

❼ 不登校の兆候には「1人で教室にいることが多くなった」「食欲がなくなった」「保健室に行く頻度が増えた」「部活動を休むことが多くなった」などがある。

❽ 不登校になった生徒には、「頑張ろう」「君なら大丈夫」といった励ましの言葉をかけ続けるとよい。

❾ 不登校や引きこもりの子どもたちを改善していくための学校がある。

答え

問2 ❶ ×（学校に来ることはできても教室に入れないタイプ、部活動には参加できるタイプなども不登校に含まれる） ❷ ○ ❸ ○ ❹ ×（不登校を解決するには、まわりの人と連携を図っていく必要がある） ❺ ×（初動対応が大事なので、兆候が見えた段階で対処する必要がある） ❻ ○ ❼ ○ ❽ ×（励ましの言葉は、生徒にプレッシャーをかけてしまうおそれがある） ❾ ○

問3 次の文章は、生徒の非行について記したものです。正しければ○、誤っていれば×をつけなさい。

❶ 中高生になると生徒の非行が目立つようになり、最初は服装や頭髪の乱れ、夜遊びや不純異性交遊、遅刻やサボリといった「生活の乱れ」の症状が出てくる。

❷ 生活の乱れがエスカレートすると、飲酒や喫煙、薬物、器物破損などの違法行為に走るようになる。

❸ 非行の原因には「勉強についていけない」「学校生活が自分の思うようにいかない」「友人関係」などがあるが、親との関係は該当しない。

❹ 中学生は精神面が発達しているので、教員は学級崩壊が起きてもすぐに立て直すことができる。

問4 次の文章は、教員の体罰問題について記したものです。カッコ内から適切な語句を選びなさい。

❶ A（教育基本法・学校教育法）の第11条では、「校長および教員は、B（処分・懲戒）として体罰を加えることはC（できる・できない）」と定められている。

❷ 体罰は、社会問題として取り上げられるようになってからはD（増加・減少）傾向にある。

❸ 教員には、悪いことをした子に罰を与える懲戒権がE（ある・ない）。

答え

問3 ❶ ○ ❷ ○ ❸ ×（親の愛情不足や無理解などが、子どもを非行に走らせることが多い）
　　❹ ×（学級崩壊は、一度起こるとなかなか立て直せない）
問4 ❶ A. 学校教育法　B. 懲戒　C. できない　❷ D. 減少　❸ E. ある

問5 次の文章は、生徒や保護者との関わり方について記したものです。適切であれば○、適切でなければ×をつけなさい。

❶ 生徒と接するときは、友達感覚で仲良くなったほうがよい。生徒の機嫌をとる、敬語を使わないなどの工夫が必要である。

❷ 中学生は反抗期を迎え、保護者や教員に対して反抗的な態度をとるようになるので、こちらから「あれをしなさい、これをしなさい」と指図したほうが、学級経営は上手くいきやすい。

❸ 中学の男子生徒はデリケートな部分があるので、女性教員が相手だとなかなか本音を明かせないことが多い。

❹ 中学校に入学した段階では、女子生徒よりも男子生徒のほうが精神的に大人びている傾向にある。

❺ 中学校・高校の女子生徒は、7～8人の多人数で動くことが多い。

❻ 特定の女子生徒をえこひいきすると、それが女子生徒間の不和やトラブルを引き起こすおそれがある。

❼ 中学・高校の女子生徒は、父親を含む中年男性を嫌悪する傾向にあるので、ヘアスタイルや服装など、身だしなみに気をつける。

❽ 生徒の男女交際は、たとえ校則で禁止されていなくても、認めてはいけない。

答え

問5 ❶× （教員と生徒の立場をわきまえないと、教員としての威厳がなくなってしまう） ❷×（一方的に指図する指導は、反抗期を迎えた生徒には適切でない） ❸○ ❹×（女子生徒のほうが精神的に大人びている傾向にある） ❺×（2～3人の少人数で固まることが多い） ❻○ ❼○ ❽×（教員が必要以上に警戒すると、生徒の純粋な心を歪めるおそれがある）

Column 6

重要視される食育

▶ 学校で"食"の重要性を学ぶ

　2005年（平成17）に制定された食育基本法の前文には、「子どもたちが豊かな人間関係を育み、生きる力を身につけていくためには、何よりも"食"が重要である」（抜粋）とあり、食事の重要性が説かれています。

　中学・高校は、生徒の発達や発育に重要な時期ですが、朝食をとらない、無理なダイエットで栄養摂取が偏るなど、食に関する課題が注視されています。これらの問題に対応するため、学校では食育の推進が図られています。具体的には、朝食摂取の重要性の啓発や、地産地消の推進、生産者との交流、食事マナーの学習、栄養教諭の配置拡充などがあります。

食に関する指導目標の実施例

- 食事の重要性、食事の喜び、楽しさを理解させる
- 心身の成長や健康の保持、増進のうえで望ましい栄養や食事のとり方を理解し、自ら管理していく能力を身につけさせる
- 正しい知識・情報に基づいて、食物の品質および安全性などについて自ら判断できる能力を身につけさせる
- 食物を大事にし、食物の生産などに関わる人々へ感謝する心を持たせる
- 食事のマナーや食事を通じた人間関係の形成能力を身につけさせる
- 各地域の産物、食文化や食に関わる歴史などを理解させ、尊重する心を持たせる

※文部科学省「食に関する指導の手引き」より作成

Chapter 6

覚えておきたい基礎知識その2
特別支援教育

従来の特殊教育が対象とした障害に加え、ADHDやLD、自閉症なども含めた障害を持つ子どもの社会参加や自立を図る教育を「特別支援教育」といいます。特別支援が必要な生徒は増加傾向にあり、教員全員がその必要性を認識しておかなければなりません。

> 特別支援教育の意義と目的、そしてADHD（注意欠陥多動性障害）、自閉症スペクトラム、LD（学習障害）、二次障害の子どもの特徴と、教員としてとるべき対策を紹介します。

Chapter6 覚えておきたい基礎知識その2 特別支援教育

必要性が高まる特別支援教育

- 特別支援教育の理念と基本的な考えについて理解する
- 特別支援教育コーディネーターの役割と専門性を知る

「特殊教育」から「特別支援教育」へ

　特別支援教育（Special Needs Education）は、特殊教育が対象にしてきた障害（知的障害、肢体不自由者、身体虚弱者など）に加え、ADHD（注意欠陥多動性障害）、自閉症スペクトラム、LD（学習障害）などの障害も含め、児童・生徒の社会参加や自立を図るために必要な教育のことです。

　2001年（平成13）1月に「21世紀の特殊教育の在り方について（最終報告）」が文部科学省によってまとめられ、「特別支援教育」という呼称が使われ始めました。

特別支援を必要とする生徒の増加

　現在、特別支援教育が必要な生徒は、クラスに1～3割いるとされています。もはや特別支援教育は「障害がある生徒だけのもの」から「すべての生徒たちに必要なもの」となり、教員全員がその必要性を認識しておく必要があります。特別支援教育では、その旗振り役となるコーディネーターの存在が重要視されています。役割については次ページで紹介していますが、各関係機関や保護者、担任とのつなぎ役としての機能が求められています。

　ただし、現状では教頭がコーディネーターを兼務するなど、うまく機能していない面もあります。特別支援教育に関して高度な知識や技術を有していて、なおかつ学級経営が上手な教員がコーディネーターになり特別支援教育を担っていくのが望ましいでしょう。

特別支援教育コーディネーターの役割

　中学生は思春期に入ることもあり、心の状態が複雑・多様化します。コーディネーターは養護教諭や生徒指導担当者、保護者など、関係者とともに課題解決に向かっていくことが求められます。高校では進学・就職など、大人に近づくことで生じる課題に対処していく必要があります。

特別支援教育コーディネーターのおもな役割

❶ 校内の関係者や関係機関との連絡調整
校内の関係者や関係機関(医療・福祉など)との連絡調整、保護者との関係づくり。

❷ 保護者に対する相談窓口
行政課題の国際化および複雑・高度化に対応できる人材を育成するために、国内外の大学院(修士・博士課程)、外国の政府機関や国際機関等へ各府省の職員を派遣する。

❸ 担任への支援
担任の相談から状況を整理し、適切な助言・支援をする。

❹ 巡回相談や専門家チームとの連携
巡回相談員は、校内での適切な教育的支援につながるよう教育委員会に設置されたもので、連携することで特別支援教育の充実を図る。

❺ 校内委員会での推進役
校内委員会が適切に運営されるよう、その推進役を担う。

MEMO : 特別支援学校について

　特別支援学校は、障害者などが「幼稚園、小学校、中学校、高等学校に準じた教育を受けること」「学習上または困難を克服し自立が図られること」を目的にした学校のことです。2007年(平成19)3月までは盲学校・聾学校・養護学校の3つに分かれていましたが、これらが包括されて現在に至っています。また、通学が困難な生徒のための寄宿舎が併設されている学校もあります。寄宿舎には指導員が置かれ、生活に関する指導をおこなっています。

特別教育諸学校
盲学校／聾学校／養護学校
　→ 2007年(平成19) 4月1日以降 → 特別支援学校

Chapter6　覚えておきたい基礎知識その2　特別支援教育

ADHD（注意欠陥多動性障害）

- ADHD（注意欠陥多動性障害）の実態を理解する
- ADHDの生徒への対応で何が大切か

中高生になると衝動性が目立つ

　ADHDの「AD（Attention-Deficit）」は「注意の欠如」、「HD（Hyperacitivity Disorder）」は「多動」を意味し、特別支援教育の対象のひとつです。注意力の欠如、多動性、衝動性がADHDの特徴ですが、多動の症状は年齢を重ねるとともに落ち着いてきます。一方、中高生になると衝動性が強くなり、突発的に怒って暴力をふるったり、相手を傷つける言葉を無自覚に口にしてしまったりします。こうした症状に対し、教員が生徒に叱責し続けると生徒の自己肯定感が低くなり、最終的には反抗的な態度を示す二次障害を発症してしまうので、注意が必要です。

← ADHDの特徴

- **注意力の欠如**
  学業や作業に長時間集中できず、不注意な過ちをおかしたりする。
  （例）話しかけられても聞いていない、指示に従えない、忘れ物をする
- **多動性**
  じっとするのが苦手で、手足を動かしたり、出歩いたりする。
  （例）教室などでたびたび席を離れる、イスに座った状態でもじもじしている
- **衝動性**
  思いついたことを、じっくり考えないまま実行してしまう。
  （例）順番を待つのが苦手、他人を妨害する、人の話を遮り突然自分のことを話す

「楽しい」機会を増やす

　ADHDの原因のひとつに、脳の前頭葉（論理的に考える、整理整頓する、物事を順序立てて考える）の働きが弱いことがあります。この前頭葉を活性化するのに必要なのが、ドーパミンという神経伝達物質です。ドーパミンは、気持ちが楽しくなると増えるので、テストで高い点を取ったらほめる、魅力的で集中できる授業をするなど、**学校で「楽しい」と思える機会を増やすことが大切**です。ただし、ほめるだけでは、生徒の成長によくありません。問題のある行動をしたときは、その都度、注意することも必要です。

小さなことでもほめる

テストで高い点を取る、授業で指されて正解するなど、その都度ほめることが大切です。このとき、大げさにほめるよりも、「よく頑張ったね」など、短い言葉でほめたほうが効果的です。

授業に「変化」を盛り込む

ADHDの生徒は集中が持続できる時間が短いので、授業にミニテストを盛り込むなど、変化に富んだ授業をおこなうようにします。

MEMO　提出物を守らせるには……

　ADHDの生徒は、何かをきっちりこなすのが苦手です。例えば、先生に「宿題を提出しなさい」と言われてから思い出し、そのせいで先生に注意されて自己肯定感が下がることがあります。提出物を忘れてしまうのは、その生徒のやりたいことに「提出物を守る」ことがないためです。宿題が「夢や願望に向かうために必要なこと」であることを説明し、理解させましょう。

6　覚えておきたい基礎知識その2　特別支援教育

Chapter6　覚えておきたい基礎知識その2　特別支援教育

自閉症スペクトラム

- 自閉症スペクトラムの実態を理解する
- 自閉症スペクトラムの生徒への対応で重要なことは？

人との付き合いが苦手

　自閉症やさまざまな発達障害などの疾患を連続的にとらえることを、「自閉症スペクトラム」といいます。その特性として社会性の障害、コミュニケーションの障害、こだわり行動（想像力の障害）などがあります。

　自閉症スペクトラムの生徒は、人付き合いが苦手です。少しの環境の変化で混乱したり、ある特定の事柄に執着したりします。また社会性が身につきにくいので、まわりから「何だあいつは」「ヘンな奴だな」と思われ、いじめの対象になる、不登校になるといったリスクも抱えています。教員をはじめとする周囲の大人がしっかりと生徒を見守る必要があります。

☞ 自閉症スペクトラムの特徴

- **社会性の障害**
  人の気持ちが読めない、ルールを理解しにくい。
- **コミュニケーションの障害**
  比喩や冗談がわからず、相手の言葉を文字どおりに理解したり、一方的に話し続けたりする。
- **こだわり行動（想像力の障害）**
  特定のものに強い興味や関心を示し、順番や位置など、他人にはどうでもいいようなことにこだわったりする。

生徒自身に決めさせる

ADHDの生徒は基本的に自己肯定感は強いのですが、自閉症の生徒は逆に自己肯定感が弱いことが特徴です。こだわりが強く、自分の思いどおりにやりたいけど、それでは教員の求めることができず、結果的に「自分はダメなんだ」と思うようになるからです。そのため、自閉症の生徒は大人に対して不信感を抱いていることが多く、ひどい場合は不登校になったり、犯罪に走ってしまうことがあります。まずは、自己肯定力を高めてあげるようにしましょう。

適切な対応をし続けていれば、自閉症の症状は徐々に改善します。一方的に注意したり叱ったりするのではなく、「こういう選択肢があるけれど、どちらがいい？」など、決定を生徒に委ねるとよいでしょう。

一貫性のある指導

生徒は教員の"ブレ"に敏感なので、一貫した指導をするようにします。もし生徒から指摘されたことが論理的に正しければ、「君が言っていることは正しいね」と受け止めてあげましょう。

自己肯定感を高める

生徒の自己肯定感を高めることで、教員と生徒の間に信頼関係が生まれます。教員の指導をよく聞いてくれるようになると不信や不安定感が払拭され、適切な指導がしやすくなります。

MEMO： アスペルガー症候群とは？

アスペルガー症候群は、知的障害はともなわないものの、興味やコミュニケーションに特異性が認められる広汎性発達障害のひとつです。社会性やコミュニケーション、想像力に差し障りがあるなど、自閉症に似た症状があります。脳機能の障害とも考えられていますが、明確な発生原因はまだ判明していません。

Chapter6　覚えておきたい基礎知識その2　特別支援教育

LD（学習障害）

- LD（学習障害）の実態を理解しておく
- 生徒を励まし、「わかる授業」を心がける

個々の特性に対応

　LD（学習障害）はLearning Disabilitiesの略で、1999年（平成11）に当時の文部省が「基本的には全般的な知的発達に遅れはないが、聞く、話す、読む、書く、計算する又は推論する能力のうち、特定のものの習得と使用に著しい困難を示す様々な状態を示す」と定義しています。

　LDの特徴は多岐にわたっているので、読みが全然できない、漢字が書けない、計算機を使わないと1ケタの足し算ができないなど、さまざまな特性が見受けられます。小学校の段階で学習の習慣を身につけておかないと勉強に対する意欲がわかず、勉強についていけなくなります。そうなると自己肯定感が下がり、二次障害を患うおそれもあります。

← LDの特徴

　LDは右記の6項目の中に、習得・使用するのが著しく困難な状態を示すものです。その要因はさまざまですが、身体系の障害や環境的な要因が、直接LDにつながるというものではありません。

- 書く
- 計算する
- 話す
- 推論する
- 読む
- 聞く

授業に工夫を加える

LDにはさまざまな特性があるので、それに合わせて接していくことが重要です。例えば、未知のことを推し量るのが苦手な生徒には、見通しやスケジュールを示してあげるとよいです。

また、LDと診断されなくても、書くのが苦手な生徒も多くいます。それによって、授業から落ちこぼれていくということもあるので、板書しながらの説明はしない、書く量を減らす、教科書にすでに書いてあることは板書しないなど、さまざまな工夫で「わかる授業」を構築していきましょう。

生徒を励ます

LDに対して劣等感を抱いている生徒もいるので、「こういう得意分野があるよね」と生徒自身を認め、生徒の自己肯定感を高めてあげます。

「わかる授業」を心がける

単調でダラダラとした授業をするのではなく、LDの子を含めたすべての生徒に「わかる授業」をするという意識づけが大事です。

「RTIモデル」で学習状況を判断する

LD（学習障害）は、学習が1～2年遅れてようやく気づくというケースがほとんどなので、どうしても初動対応が遅れがちになってしまいます。そこでアメリカでは、「RTIモデル（Response To Intervention）」という方法を用いて、子どもがLDかどうかを判定しています。通常の学習指導のなかで、つまずきが見られる子どもに指導・支援をおこない、その反応を見ながら「どんな支援が必要なのか」を客観的に判断する手法で、3層構造の教育的介入が想定されています。第1段階ではすべての子どもが指導対象になっていますが、段階を踏むにつれて個別的になっていきます。

RTIモデルの教育的介入

第3段階　個別的な支援をおこなう

第2段階　少人数による補足的な支援をおこなう

第1段階　すべての子どもを対象に質の高い教育を実施

Chapter 6 覚えておきたい基礎知識その2　特別支援教育

二次障害

- 二次障害がどのような過程で発生し、影響を与えるのか理解する
- 発達障害を放置することで生じる危険性を知る

生徒の可能性を信じる

　生徒が抱えている困難（発達障害）を放置したり、対策を怠ったりすると、それによって新たな障害が生まれてしまいます。これを二次障害といい、うつ病や反抗挑戦性障害、行為障害などがあります。

　二次障害が発症するのは、自己評価の低さとも関係があります。抱えている困難をまわりが理解してくれず、保護者や教員に怒られるうちにネガティブな感情を抱くようになります。すると、やる気がわかなくなり、何をやるにも否定的になってしまいます。そのため、発達障害の生徒を育てるには、生徒を信じる、認める、ほめることが大事です。まずは教員をはじめとした周囲の大人が、生徒の可能性を信じてあげましょう。

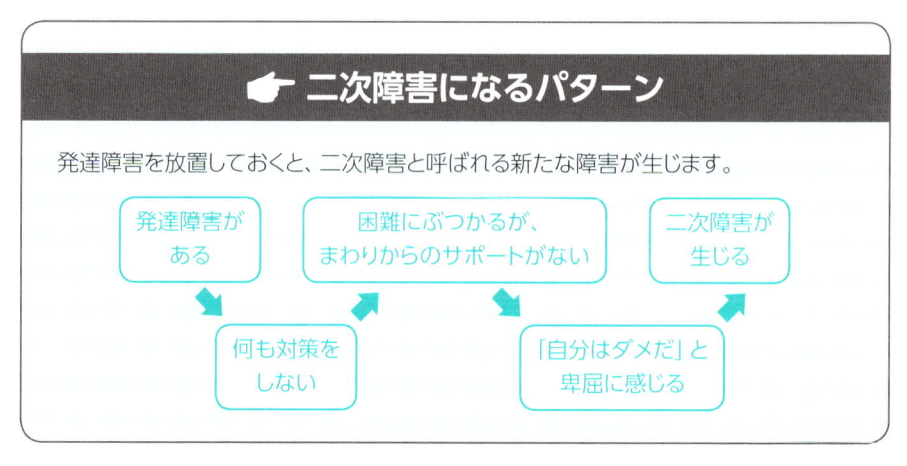

👉 二次障害になるパターン

発達障害を放置しておくと、二次障害と呼ばれる新たな障害が生じます。

発達障害がある → 何も対策をしない → 困難にぶつかるが、まわりからのサポートがない → 「自分はダメだ」と卑屈に感じる → 二次障害が生じる

症状と対策

　周囲に対して挑戦的・挑発的になり、反抗的な態度をとることを反応挑戦性障害といいます。教員が言うことにいちいち反発することで、注目を集めようとします。生徒との信頼関係が構築できれば、生徒への指導がしやすくなり、こうした症状は収まっていきます。一方、大人に叱責され続けてストレスがたまり、万引きや窃盗、器物破損、未成年の飲酒・喫煙などの反社会的な行動に及ぶことを行為障害といいます。校内では授業妨害などを起こすほか、中高生になると行為障害の範囲は校外にも及ぶこともあります。

信頼関係を構築する

教員が生徒の可能性を信じ、教育することで、生徒も「この先生ならついていける」と信頼関係が生まれます。

場合によっては警察を呼ぶ

犯罪行為にまで及んでしまったら、やむをえませんが警察をよび、「これは犯罪なんだよ」とわからせなければなりません。

MEMO： うつ病への対策

　自己評価の低下が続くと、抑うつ気分をともなうようになります。しかし、問題行動ばかりが目につき、うつ病の症状が見逃されることがあります。精神面では物事への興味や関心がなくなるほか、意欲や気力、集中がなくなり不安にさいなまれます。また、身体面では食欲の増減や睡眠障害、全身のだるさなどを感じるようになります。うつ病は精神病の一種なので、重い場合は心療内科や保健センターなどに相談してみましょう。

うつ病を相談できる場所

- 心療内科
- 児童相談所
- 保健センター
- 精神科（総合病院）
- 教育相談所
- 精神保健福祉センター

特別支援教育 理解度チェック問題

問1 次の英語にあてはまる日本語を答えなさい。

❶ Special Needs Education

❷ Attention-Deficit / Hyperactivity Disorder

❸ Leaning Disabilities

問2 特別支援教育コーディネーターの活動について、正しければ○、誤っていれば×をつけなさい。

❶ 校内の関係者や関係機関（医療・福祉など）との連絡調整、保護者との関係づくりを図っていく。

❷ 保護者の気持ちを受け止め、ともに対応策を考え、支援していく。

❸ 担任の相談からの状況を整理したり、適切な助言・支援をする。状況によっては、担任を交代して指導にあたる。

❹ 巡回相談員（校内での適切な教育的支援につながるよう教育委員会に設置されたもので、連携することで特別支援教育の充実を図る）や専門家チームと連携を図る。

❺ 校内委員会が適切に運営されるよう、その推進役を担う。

答え

問1 ❶ 特別支援教育　❷ 注意欠陥多動性障害（ADHD）　❸ 学習障害（LD）
問2 ❶ ○　❷ ○　❸ ×（担任を交代してまで指導することはない）　❹ ○　❺ ○

問3 次の文章は、特別支援学校について記したものです。1つだけ誤ったものがあるので、それを選びなさい。

❶ 特別支援学校は、障害者などが「幼稚園、小学校、中学校、高等学校に準じた教育を受けること」「学習上または困難を克服し自立が図られること」を目的とした学校のことをいう。

❷ 2007年（平成19）3月までは盲学校・聾学校・養護学校と分かれていたが、これらが包括されて特別支援学校となり、現在に至っている。

❸ 特別支援学校の通学については、基本的に自宅からの登校が原則となっている。

問4 次の症状は、ADHDの特徴について記したものです。もっともあてはまるものを、下の選択肢から選びなさい。

❶ 話しかけられても聞いていない、指示に従えない、忘れ物をする。

❷ 教室などでたびたび席を離れる、イスに座った状態でもじもじしている。

❸ 思いついたことを、じっくり考えないまま実行してしまう。

| 衝動性 | 多動性 | 注意の欠如 |

答え

問3 ❸ 通学が困難な生徒のために寄宿舎が併設された学校もある。
問4 ❶ 注意の欠如　❷ 多動性　❸ 衝動性

問5 次の文章は、自閉症スペクトラムの特徴について記したものです。あてはまるものをA～Cから選び、線で結びなさい。

❶ 社会性の障害

❷ コミュニケーションの障害

❸ こだわり行動（想像力の障害）

A 比喩や冗談がわからず、相手の言葉を文字どおりに理解したり、一方的に話し続けたりする。

B 特定のものに強い興味や関心を示し、順番や位置など、他の人からすればどうでもいいようなことにこだわったりする。

C 人の気持ちが読めない、ルールを理解しにくい。

問6 次の文章は、ADHDと自閉症スペクトラムの生徒への対応を記したものです。より適切なほうを答えなさい。

❶ ADHDの子は基本的に自己肯定感がA（高く・低く）、自閉症の子は自己肯定感がB（高い・低い）。

❷ 自閉症スペクトラムの子はこだわりがC（強い・弱い）。

❸ 自閉症の子は自己肯定感がB（高い・低い）ので、大人に対して不信感を抱いていることがD（多い・少ない）。

❹ 自閉症の子は、ひどい場合は不登校になったり、犯罪に走ってしまうことがある。そのため、E（厳しく注意する・自己肯定感を高める）必要がある。

答え

問5 ❶C ❷A ❸B
問6 ❶A.高く B.低い ❷C.強い ❸D.多い ❹E.自己肯定感を高める

問7 次の文章は、LDについて記したものです。正しければ○、誤っていれば×をつけなさい。

❶ LDは、基本的には全般的な知的発達に遅れはないが、聞く、話す、読む、書く、運動する、推論する能力のうち、特定のものの習得と使用に著しい困難を示す、さまざまな状態を表したものである。

❷ LDの子は、ADHDやアスペルガー症候群、自閉症との併合が一切ない。

❸ LDの子は学習したことが身につかないタイプの子が多く、学力の向上を図ることはできない。

❹ LDを放っておくと自己肯定感が下がってしまい、やがて二次障害を患うおそれもある。

問8 次の文章は、二次障害について記したものです。正しければ○、誤っていれば×をつけなさい。

❶ 生徒が抱えている困難（発達障害）を放置したり、対策を怠ったりすると、それによって二次障害が発生する。

❷ 二次障害には反抗挑戦性障害、行為障害などがあり、うつ病は含まれない。

❸ 二次障害を発症するのは、自己評価の低さとも関係がある。抱えている困難をまわりが理解してくれず、保護者や教員に怒られるうちに、ネガティブな感情を抱くようになる。

❹ 発達障害の生徒を育てるには、生徒を信じる、認める、ほめることが大事である。

答え

問7 ❶ ×（「運動する」ではなく「計算する」） ❷ ×（ADHDやアスペルガー、自閉症との併合はある） ❸ ×（LDの子でも学力の向上を図ることはできる） ❹ ○

問8 ❶ ○ ❷ ×（うつ病も二次障害に該当する） ❸ ○ ❹ ○

Column 7

インクルーシブ教育について

▶ 障害の有無を包括した教育

「インクルーシブ教育」とは、障害がある子どもとない子どもが同じ場で学び、誰もがその人格と個性を尊重し、支え合える社会を構築することをいいます。2006年（平成18）12月の国連総会で採択された「障害者の権利に関する条約」で示されたもので、イタリアのように先進的に取り組んでいる国もあります。

この「インクルーシブ教育」についてはさまざまな意見があり、「障害のある子どもとない子どもが、すべて同じ状況下で学ぶべきだ」という声もあれば、「すべて同じ場にすると、現場の教員たちの負担が増す。部分的にとどめるべきだ」との声もあります。

こうした流れのなかで学校教育法施行令が改正され、教育委員会が障害児の就学先を決定するにあたり、保護者や専門的な知識を有する者の意見を聴くことが義務づけられるなど、インクルーシブ教育の制度化が着実に進んでいます。

インクルーシブ教育システム

インクルーシブ教育システムにおいては、同じ場で共に学ぶことを追求するとともに、個別の教育的ニーズのある幼児児童生徒に対して、自立と社会参加を見据えて、その時点で教育的ニーズに最も的確に応える指導を提供できる、多様で柔軟な仕組みを整備することが重要である。小・中学校における通常の学級、通級による指導、特別支援学級、特別支援学校といった、連続性のある「多様な学びの場」を用意しておくことが必要である。

※文部科学省「共生社会の形成に向けたインクルーシブ教育システム構築のための特別支援教育の推進（報告）」より抜粋

Chapter 7

覚えておきたい基礎知識その3
授業と進路指導

現在の中学校・高校教育で課題になっているのが、教員の授業力です。授業がわからないことが不登校や非行の温床になっていることを、教員は認識しておく必要があります。そして進路指導やキャリア教育も、中学校・高校では大変重要な部分を占めています。

> 板書や説明の仕方など、授業の質を高めるためのポイントを紹介します。また学習が苦手な生徒との向き合い方、授業に集中させるための方法についても解説します。

Chapter7 覚えておきたい基礎知識その3　授業と進路指導

授業力の向上

- 教師にとって必要な授業力を学ぶ
- 授業力を向上させるポイントを押さえる

授業力の低さが"荒れ"を引き起こす

　現在の中学校・高校教育で、課題になっているのが教員の"授業力"です。学校にはさまざまな課題がありますが、課題の原因に授業を挙げる人はそう多くありません。さらにいえば、教育の現場で「授業力を上げよう」と考える教員が少ない実状もあります。しかし、教員の授業力の低さが、生徒の問題行動を引き起こす"荒れ"の原因にもつながるのです。

　授業に飽きて騒ぐ生徒を怒鳴ったり、マイナス評価ばかりする教員がいますが、魅力的な授業をすれば、"荒れ"は起こりにくくなります。これから教員になる人たちは、絶えず授業力を上げることを意識しましょう。授業力を上げるには、模擬授業の研修に参加する、自分の授業を映像に撮ってチェックする、または見てもらってアドバイスを受けるなどの方法があります。

👉 授業技量を高める10カ条

- 指示の意味を説明せよ
- 一時に一事を指示せよ
- 指示・発問は短く限定して述べよ
- 指示は全員にせよ
- 子どもを活動させるには、場所と時間と物を与えよ
- 指導内容を細分化せよ
- 例え一人の子どもでも空白を作るな
- 指導の途中で何度か達成率を確認せよ
- だれが良くて誰が悪いのかを評定せよ
- 常に励まし続けよ

※TOSS代表・向山洋一著『授業の腕をあげる法則（学芸みらい社）　授業の原則より』から抜粋

授業力アップのポイント

　授業力を向上させるために必要な表情、視線、発声、板書などのポイントを紹介します。生徒が「わかりたい」「できるようになりたい」と思えるような授業を展開しましょう。

視線
特定の生徒だけではなく、教室全体を見て、生徒全員の状況を把握しましょう。教室の最後列の生徒までしっかりと目を行き渡らせます。

表情
豊かな表情で授業を展開していきましょう。無表情では生徒にも気持ちが伝わらず、場面に合った表情をコントロールできるようになるとよいです。

発声
声がしっかりでていない授業は、生徒を飽きさせる原因になります。大きさや発音、テンポに気をつけ、大事な場面でははっきり、ゆっくりと話すようにしましょう。

板書
板書の字が読めないと生徒が内容を理解できないので、大きめに書く、大きさをそろえる、まっすぐに書くことを心がけましょう。

MEMO　アクティブ・ラーニングについて

　アクティブ・ラーニングとは、教員が講義形式で一方的に教える従来型の教え方とは違う指導・学習方法のことをいいます。具体的には体験学習や集団討論、グループワークなどがあります。中央教育審議会（2012年8月28日）の報告書でも、アクティブ・ラーニングの効果について「個々の学生の認知的、倫理的、社会的能力を引き出し、それを鍛えるディスカッションやディベートといった双方向の講義、演習、実験、実習や実技等を中心とした授業への転換によって、学生の主体的な学習を促す質の高い学士過程教育を進めることが求められる」とあります。

体験学習

集団討論

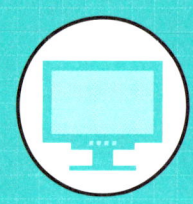

Chapter7　覚えておきたい基礎知識その3　授業と進路指導

学習が苦手な生徒との向き合い方

- 学習が苦手な生徒の特徴を把握する
- 生徒たちが「知りたくなる」授業を心がける

学習に苦手意識を持つ生徒の特性

　学校には同じ説明を受けてすぐに理解できる生徒もいれば、理解するのに時間が必要な生徒もいます。そこで、生徒たちが「もっと知りたい」「できるようになりたい」と思える授業を展開する必要があります。

　勉強が苦手な生徒は、「何がわからないのか」がわからないことが多いので、教員は生徒がどの段階でつまずいているのかを把握し、手助けする必要があります。また、理解できないことが積み重なると、勉強以外のことに対しても否定的になります。勉強が苦手な生徒に対しては、きちんと理解できるように向き合い、授業に集中できる状態に導いてあげましょう。

👉 授業の規律を確立させる

　授業で"荒れ"を引き起こさないようにするには、授業の規律（決まりごと）を確立させる必要があります。決まりごとは、年度最初の授業で教科の内容や進め方とともに伝えるようにします。

授業規律の例

- 携帯電話のルールを厳守する（内容は各学校で異なる）
- 始業のベルで授業を始め、終業のベルで終わる
- 授業の準備は、休み時間中に済ませる
- 授業中は、余計なものを机の上に置かないようにする
- 正しい姿勢で授業を受ける

授業に集中させるためのポイント

活躍する場面を与える

勉強が苦手な生徒に「これは答えられるだろう」と思う質問を投げかけ、答えさせます。正解を言うことで自信がつき、「授業に参加している」という意識も高まります。

授業に驚きや感動を与える

実験や体験学習など、驚きや感動を与える授業をおこなうことで、「どうなっているのだろう?」「もっと知りたい」といった生徒の意欲を喚起することができます。

補習で個別に対応

授業だけでは理解が不十分な生徒には、補習での個別対応が必要なときもあります。部活動に支障が生じないよう、無理のない範囲内で参加させるようにします。

教員が一方的に話しすぎない

教員がずっと話し続けるだけの単調な授業では、生徒の集中も続きません。書いたり、発表したりする変化を盛り込んだ授業で、飽きさせないようにします。

MEMO : ICT機器を活用する

　授業に変化を与えるのに効果的なのが、パソコンやプロジェクター、電子情報黒板、携帯オーディオプレイヤーといったICT機器です。「ICT」はInformation and Communication Technologyの略で、有用な教材のひとつです。映像や音声などを盛り込んだ授業は、生徒たちの興味や関心を引き寄せやすいというメリットがある半面、準備に時間がかかるというデメリットもあります。教員は日々さまざまな仕事に忙殺されるので、あまり時間をとられすぎないよう気をつけましょう。

Chapter7 覚えておきたい基礎知識その3　授業と進路指導

進路指導とキャリア教育

- 中学校・高校におけるキャリア教育の重要性について知る
- キャリア教育の種類を学年別に把握しておく

キャリア教育を進路指導につなげる

　かつての進路指導は高校や大学など、上級学校への進学が中心でしたが、近年は自己の個性を理解し、主体的に進路を選択する能力や態度を育てる「キャリア教育」が重視されています。このキャリア教育での成果に基づいて、進学・就職の指導をおこなう傾向にあります。

　キャリア教育が提唱された背景には、生徒たちをとりまく育成環境の変化があります。情報技術革新による国際化やグローバル化で、日本の産業構造にも多大な変化が生じています。その変化に対応するために、キャリア教育が提唱されるようになりました。

☞ キャリア教育が必要になった背景

授業規律の例
- 社会環境の変化
- 新規学卒者に対する求人状況の変化
- 求職希望者と求人希望者との不適合の拡大
- 雇用システムの変化
- 若者自身の資質等をめぐる課題
- 勤労観、職業観の未熟さと確立の遅れ
- 社会人、職業人としての基礎的資質・能力の発達の遅れ
- 社会の一員としての経験不足と社会人としての意識の未発達傾向

生徒たちの生活・意識の変容
①生徒たちの成長・発達上の課題
- 身体的な早熟傾向に比して、精神的・社会的自立が遅れる傾向
- 生活体験・社会体験等の機会の喪失

②高学歴社会における進路の未決定傾向
- 職業について考えることや、職業の選択、決定を先送りにする傾向の高まり
- 自立的な進路選択や将来計画が希薄なまま、進学、就職する者の増加

※文部科学省『キャリア教育とは何か』より作成

修学旅行におけるキャリア教育

近年、仕事の体験学習や職場訪問、企業見学といった「キャリア教育」を、修学旅行先でおこなう学校が増えています。実際に仕事を体験することが、「将来何がしたいか」を考える機会になります。

一連の流れ

事前学習
修学旅行へ向かう前に、現地についての事前学習をおこないます。現地でどのように行動し、どんな話を聞くのかを、グループごとに綿密に打ち合わせます。

実地学習
生徒たちが企業や体験先を訪問し、話を聞いたり、作業したりします。実際に見聞きし、現場に立つことが、将来のキャリアを考えるいい機会になります。

事後学習
実地学習で得た知識や経験を一過性で終わらせないために、事後学習をおこないます。レポートなどにまとめ、なかにはそれを発表する学校もあります。

MEMO キャリア教育の特徴

中学校

1年
- 社会のしくみやルール、マナーを知る
- 身近な人の職業を調べるなどして、世の中にある仕事を理解する

2年
- 働くこと、学ぶことの意義を知る
- その道の達人や地域にある企業から職業観を学ぶ

3年
- 自分自身の進路を考える
- 高校の先生から話を聞いたり、気になる学校の体験入学をしたりする

高校

1年
- 新しい環境に適応しつつ、新しい人間関係を構築する
- 新たな環境の中で自分の役割を自覚する

2年
- 将来の計画を立案し、それに向けて動き始める
- 卒業後の進路についての情報を集め、検討する
- 他者の価値観や個性を理解し、自分との違いをみつめる

3年
- 自分の能力や適性を判断し、自分の進路の軌道修正をしていく
- 進路を実現させるために必要なものは何かを考える
- 理想と現実の葛藤を味わいながら、それを克服するためのスキルを身につける

Chapter7 覚えておきたい基礎知識その3　授業と進路指導

進学指導

- 中学校・高校での進学指導の心得
- 生徒の「やりたいこと」を聞き出し、サポートする

生徒の意志を明確にする

　中学校・高校では、3年生の担任になるとクラスの生徒一人ひとりの進路に責任を持つようになります。進路指導は、実際には担任だけでなく学年全体で取り組みますが、少なくとも入試のしくみや進学先は詳しく調べておく必要があります。

　指導するうえでもっとも大事なのは、「何をやりたいのか」「どのような学校に行きたいのか」など、生徒の意志を明確にすることです。やりたいことがない状態で「勉強しなさい」と言われても、むしろやる気を下げることになりかねません。しかし、進路が明確になると、自分から積極的に頑張ろうという意志が生まれます。そのため、面談などでは「自分がやりたいこと」を多く述べさせ、それを認めてあげることが大切です。

やりたいことが何もない場合

　また、なかには「将来、何をやりたいのかわからない」という生徒もいます。「やりたいこと」を無理に引き出しても、それは本当の「やりたいこと」ではありません。その場合は、「やりたくないこと」を挙げてもらいましょう。そして、生徒の意見や気持ちに共感しつつ、生徒の立場になりながら一緒に進路について模索していくようにします。

　教員の仕事は生徒をサポートすることです。最終的には本人の意志を尊重し、生徒本人と一緒に考えながら進路を決めさせるようにしましょう。

受験指導のポイント

● 生徒の希望を聞く
将来の希望が明確な生徒は、それに向かって能動的に突き進むことができます。このとき、生徒に「君はこれが向いている」と押しつけるのではなく、一緒に考えるようにしましょう。

● 保護者の理解を得る
生徒の「やりたいこと」に対し、「本当にそれで食べていけるの?」「私立だと学費が払えない」と保護者が反対することがあります。教員は基本的には生徒の側に立ちますが、保護者の考えにも理解を示しつつ、親子間の解釈のずれを埋めるようにしましょう。

● 入試制度や進路先を把握する
受験希望者数が多い学校には直接足を運び、どのような学校なのかを肌で感じることが大切です。また、生徒本人にも、足を運ばせるようにします。学校の様子を見たり、志望校関係者の説明を受けたりすることで、自分に合っているかどうかを、身をもって感じることができます。

MEMO: 浪人生のメリットとデメリット

　大学・短期大学受験では、合格しなかったときに浪人をする選択肢もあります。ただし少子化の影響もあり、浪人生の数は減っています。浪人は「10代の貴重な1年間を勉強のみに費やされる」というデメリットがある一方で、「10代の貴重な1年間を勉強のみに費やし、困難を乗り越えるという経験ができる」というメリットもあります。

　日米の野球界で活躍した上原浩治投手の背番号が19なのは、浪人生として過ごした19歳の1年間の経験が、その後の野球人生の原動力となったことにちなんでいます。上原投手は、勉強とアルバイトの合間に筋トレをしていましたが、それによって背筋などが鍛えられ、直球が磨かれたそうです。

授業と進路指導 理解度チェック問題

問1 次の文章の中で、キャリア教育が必要になった背景に明らかに該当しないものを1つ選びなさい。

❶ 雇用システムの変化

❷ 社会環境の変化

❸ 教員の高齢化

❹ 高学歴社会における進路の未決定傾向

❺ 若者自身の資質などをめぐる課題

❻ 生活体験・社会体験などの機会の喪失

問2 次の文章は、アクティブ・ラーニングについて記したものです。❶〜❹に関して、正しいほうを選びなさい。

中央教育審議会（2012年8月28日）の報告書では、アクティブ・ラーニングの効果について「個々の学生の認知的、倫理的、❶(行動的・社会的)能力を引き出し、それを鍛える❷(ディスカッション・報告)やディベートといった❸(一方通行・双方向)の講義、演習、実験、実習や実技等を中心とした授業への転換によって、学生の❹(受動的・主体的)な学習を促す質の高い学士課程教育を進めることが求められる」と記しています。

答え

問1 ❸　問2 ❶ 社会的　❷ ディスカッション　❸ 双方向　❹ 主体的

問3 次の文章は、学習が苦手な生徒との向き合い方について記したものです。適切であれば○、適切でなければ×をつけなさい。

❶ 勉強が苦手な生徒は、「何がわからないのか」がわからないことが多い。

❷ 勉強で理解できないことが積み重なると、「自分はできない」という思いが強まり、勉強以外のことに対しても否定的になることが多い。

❸ 勉強が苦手な生徒は、なるべく授業中にかまわず、そのまま放置しておいたほうがよい。

❹ 友人関係や部活動での悩み、家庭の問題などで勉強に集中できない生徒もいるが、そういった生徒の悩みはあまり時間をかけず、すぐに解決してあげるようにする。

❺ 授業で"荒れ"を引き起こさないようにするには、授業の規律（決まりごと）を確立させる必要がある。

❻ パソコンやプロジェクター、電子情報黒板、携帯オーディオプレイヤーなどの ICT 機器（Internet and Computer Technology）を活用することで、授業に変化を与えることができる。

❼ ICT 機器を使った授業は、生徒たちの興味や関心を引き寄せやすいというメリットがある半面、準備に時間がかかるというデメリットもある。

❽ 実験や体験学習など、驚きや感動を与える授業をおこなうことで、「もっと知りたい」といった生徒の意欲を喚起することができる。

答え

問3 ❶ ○ ❷ ○ ❸ ×（勉強が苦手な生徒にも、活躍できる機会を与えるようにする） ❹ ×（一朝一夕で解決できる問題ではないので、時間をかけて生徒と向き合うようにする） ❺ ○ ❻ ×（ICT 機器は、Information and Communication Technology の略） ❼ ○ ❽ ○

問4 次の文章は、生徒のキャリア教育について記したものです。適切であれば○、適切でなければ×をつけなさい。

❶ キャリア教育が提唱された背景には、社会環境の変化や国際化など、子どもたちをとりまく成育環境の変化がある。

❷ 高校の3年間では、理想と現実の葛藤を味わいながら、それを克服するためのスキルを身につける必要がある。

問5 次の文章は、授業力を向上させるためのポイントを記したものです。適切なほうをそれぞれ選びなさい。

❶ 視線
A. 教室内の特定の生徒を見て、授業の反応を確認する
B. 教室全体を見て、生徒の様子を把握することを心がける

❷ 表情
A. 表情豊かに授業を展開する
B. 均一に保ち、平静を装った感じで授業を展開する

❸ 発声
A. 大事な場面ではハッキリと、ゆっくり話す
B. 大事な場面では、矢継ぎ早に話してたくさんの情報を伝える

❹ 板書
A. 多少字が小さくなってもいいから、たくさんの情報を書く
B. 字が読めないと生徒が理解できないので、大きめに字を書く

答え

問4 ❶○ ❷○ 問5 ❶B ❷A ❸A ❹B

問6　次の文章は、進路指導について記したものです。カッコ内の語句で適切なほうを選びなさい。

❶ 中学・高校の3年生の担任は、生徒の進路について考え、責任を持たなければならない。入試のしくみや進路先について詳しく調べ、(担任が1人・学年全体)で取り組む必要がある。

❷ 大事なのは、「何をやりたいのか」「どんな学校に行きたいのか」など、生徒の願望を明確に(する・しない)ことである。

❸ 自分のやりたいことが明確な生徒は、(能動的・受動的)に頑張る傾向にある。

❹ その時点でやりたいことが明確でない生徒に対しては、「やりたいこと」を無理に引き出す必要が(ある・ない)。

❺ 「やりたいこと」がない生徒に対して、無理に「勉強しろ」と言い続けると、生徒のやる気は(上がる・下がる)傾向にある。

❻ 子どもの「やりたいこと」に、保護者が「本当にそれで食べていけるの？」「私立だと学費が払えない」などと反対することがある。教員は基本的には(生徒・保護者)の側に立ち、親子間の解釈のずれを埋めるようにする。

❼ 生徒の進路は、最終的には(担任が独断で決める・生徒本人に決めさせる)ようにする。

❽ 高校卒業後、大学・短期大学などに入らずに浪人を選択する人の数は、(増加・減少)傾向にある。

答え

問6 ❶ 学年全体　❷ する　❸ 能動的　❹ ない　❺ 下がる　❻ 生徒　❼ 生徒本人に決めさせる　❽ 減少

Column 8

就職指導について

▶ 社会で必要な礼儀作法を教える

　就職する高校生は減少が続いており、多くは大学や短期大学、専門学校に進学する傾向にあります。高校生の就職活動は、大学生よりも社会経験が少ない分、自分がどのような職業に就きたいかなどに悩んでしまうことがあるでしょう。進路を決める際には、教員が生徒に寄り添い、相談に乗ってアドバイスすることが重要です。

　また学校とは違い、社会人として最低限必要な礼儀作法（挨拶の仕方、お礼を述べるなど）も、面接試験対策とは別に、社会のマナーとして教えておく必要があります。入室や退室時には、元気よく「失礼します」と言い、面接官の質問にもはっきりと的確に答えられるようになるまで指導しましょう。

　また、生徒のなかには、学力は充分あるのに「お金がなくて大学進学をあきらめる」という子もいます。そういった生徒に対しては、奨学金を受けるなどの方法も提示してあげ、保護者と一緒に進路を決めるようにしましょう。

Chapter 8

覚えておきたい基礎知識その4
授業以外の学習

行事や部活動など、学校では授業以外でも学びの機会があります。そこでは、普段の授業では養えない団結力や責任感、自主性などを身につけることができます。そして、教員は行事や部活動でどのような指導をすればよいのかについても紹介します。

> 部活動は、授業では学べないことが学べる一方で、教員がほとんどボランティアに近い形で指導にあたっているという側面もあり、教育現場の問題のひとつになっています。

Chapter8　覚えておきたい基礎知識その4　授業以外の学習

学校行事

- 学校生活にメリハリをつける学校行事について
- 学校行事で教員がやるべきことを知る

担任は生徒のサポートをおこなう

学校行事は行事の特性により儀式的行事、学芸的行事、体育的行事、旅行・集団宿泊的行事、勤労生産・奉仕的行事（企業見学、ボランティア活動など）に分けることができます。学校生活にメリハリをつける大事なイベントで、生徒にとっては"成長の場"にもなります。

行事を経験することで、その後の学級のムードも変わってきます。そのため、教員は行事に対する企画力だけでなく、運営力や指導力も求められます。

👉 中学校・高校のおもな行事の例

4月
- 始業式・新任式
- 入学式
- 対面式（新入生歓迎会）
- 防災訓練

5月
- 家庭訪問（中学校）
- 中間テスト
- 体育祭（球技大会）
- 職員健康診断

6月
- 修学旅行・校外学習
- 部活動夏季大会
- PTA総会・保護者懇談会

7月
- 期末テスト
- 終業式
- 夏季休業

8月
- 夏季休業
- 登校日

9月
- 始業式
- 防災訓練
- 部活動秋季大会

10月
- 文化祭（合唱コンクール）
- 中間テスト
- 進路説明会

11月
- 期末テスト
- 大学・短期大学の推薦入試（高校）

12月
- 終業式
- 冬季休業

1月
- 始業式
- 大学入試センター試験（高校）

2月
- 高校・大学一般入試
- 学年末テスト

3月
- 送別会（卒業を祝う会）
- 卒業式
- 修了式
- 春季休業

体育祭(運動会・球技大会) 目標に向かって一致団結

　学校行事のなかでも、体育祭や運動会といった体育的行事はとくに盛り上がります。勝ち負けも大事ではありますが、普段の授業ではなかなか体験できない、学級全体で一丸となって目標に向かうという"団結"の素晴らしさを学ぶことができます。

担任としてやるべきこと

　学級経営の観点からいえば、運動が苦手な生徒へのフォローやサポートが大事です。体育が苦手な子でも輝けるよう、運動能力に関係なく活躍できる場を提供しましょう。そして行事が終わったら、学級全体が一丸となって頑張ったことをねぎらい、努力はムダにならないことを話すとよいでしょう。

入学式 心のこもった式で迎える

　入学式や卒業式など、緊張や感動をともなう厳かな儀式的行事は、生徒の成長にもよい影響を与えます。在校生を指導するときは、先輩としてどのような態度で臨むとよいのかを、生徒たちに考えさせることが重要です。

新入生の担任としてやるべきこと

　入学式は、中学校・高校生活の第一歩になります。まずは、入学式での立ち居振る舞い、礼の仕方などの基本を事前に説明し、緊張をほぐします。

卒業式 厳粛な気持ちで生徒を送る

　3年間の学校生活を修了し、新たなステージへと旅立つ卒業式は、とても重要な儀式です。在校生の担任であれば、厳粛な気持ちで式に参加させて、気持ちよく卒業生を送り出すようにしましょう。

卒業生の担任としてやるべきこと

　卒業式に向けて、座り方や礼の仕方の練習に励みます。最後の学級活動では、卒業生に向けての感謝と、励ましのメッセージをおくりましょう。

8 覚えておきたい基礎知識その4 授業以外の学習

文化祭(学習発表会) 準備が大切

　授業時間の確保が優先され、近年は文化祭などの学芸的行事の規模を縮小する学校も少なくありません。しかし、生徒たちにとって思い出に残る行事のひとつであり、一丸となって取り組める重要な機会です。

担任としてやるべきこと

まずは学級の話し合いで何をやるのかを決め、それぞれ役割分担を決めます。このとき、みんなで意見を出し合い、モチベーションを高めながら準備を進めます。担任は表には出すぎず黒子に徹し、生徒をサポートしましょう。

文化祭のさまざまな企画

- 部活動(吹奏楽部など)の発表
- 展示企画(研究発表や実演)
- 舞台発表(ダンス、演劇など)
- 有志によるバンド、音楽演奏
- 朗読・弁論
- クラスによる出し物(模擬店、バザーなど)

合唱コンクール 歌の力でクラスをひとつに

　学校によって実施方法や審査基準は異なりますが、一般的にはクラス内で指揮者や伴奏者を決め、課題曲と自由曲の歌唱力を競います。クラスの仲間と歌声をひとつにすることで、達成感や充実感を味わうことができます。

担任としてやるべきこと

音楽教員でないと、専門的なアドバイスをするのは難しいものです。音楽の先生と協力しながら、生徒をサポートしましょう。「歌うことが楽しい」と感じさせる雰囲気づくりも大切です。

合唱の指導ポイント

- 歌う姿勢がよいか
- 歌に感情がこもっているか
- パートの音が正確で、強弱がついているか
- 声がしっかり出ているか
- パートの声がそれぞれ出ているか
- 全体のバランスが整っているか
- 入場・退場が整然としているか
- 服装が整っているか

宿泊行事（修学旅行・遠足など）

　数ある学校行事の中でも、生徒から人気が高いのが修学旅行などの旅行・集団宿泊的行事です。楽しい思い出にするには、教員はさまざまな配慮をしておかなければなりません。

　学級担任であれば、事前指導や行事当日の引率、事後指導など、やるべきことがたくさんあります。日常の学校生活から離れ、心が解放されることで浮足立つ生徒もいるので、生徒の自覚や責任を促す言葉をかけましょう。また、緊急事態が発生したときの対応、あいさつや礼儀、マナーなども指導する必要があります。

引率時のポイント

　行事当日は生徒の気も緩みがちになるので、勝手な行動は止めさせなければなりません。時間厳守、緊急事態が起きたときの連絡・報告は必須です。しかし、あまり気を張りすぎると生徒も楽しめないので、「一緒に楽しもう」という余裕も必要です。

修学旅行の内容

中学校

1位	歴史学習
2位	芸術鑑賞・体験
3位	ものづくり体験
4位	平和学習
5位	宗教体験
6位	キャリア体験
7位	自然・環境学習
8位	スポーツ体験
9位	生業・くらし体験
10位	学校見学

高校

1位	歴史学習
2位	平和学習
3位	スポーツ体験
4位	自然・環境学習
5位	芸術鑑賞・体験
6位	ものづくり体験
7位	生業・くらし体験
8位	キャリア体験
9位	学校見学
10位	宗教体験

修学旅行先（国内）

中学校

1位	京都府
2位	奈良県
3位	東京都
4位	千葉県
5位	大阪府
6位	沖縄県
7位	長崎県
8位	神奈川県
9位	福岡県
10位	広島県

高校

1位	沖縄県
2位	東京都
3位	京都府
4位	大阪府
5位	千葉県
6位	北海道
7位	奈良県
8位	長崎県
9位	福岡県
10位	広島県

※（公財）日本修学旅行協会の調査（2013年）より

MEMO 海外への修学旅行

　海外への修学旅行は一時期人気が高まったものの、国際情勢の変化や経済負担の大きさなどもあり、2008年（平成20）以降からはほぼ横ばいになっています。行き先はアジア地域が多く、費用が高額になる地域は減少傾向にあります。

海外の修学旅行の訪問国・地域

順位	訪問国・地域	順位	訪問国・地域
1位	シンガポール	6位	韓国
2位	台湾	7位	ハワイ
3位	オーストラリア	8位	アメリカ本土
4位	マレーシア	9位	ニュージーランド
5位	ミクロネシア	10位	イギリス

※（公財）日本修学旅行協会の調査（2013年）より

Chapter8 覚えておきたい基礎知識その4　授業以外の学習

部活動の役割

- 中学校・高校の部活動指導の実態を理解する
- 部活動顧問の役割について知る

連帯感や責任感を学ぶ

　放課後の学校でスポーツや文化的活動を行う部活動（同好会も含む）では、行事や授業だけでは学べない、連帯感や責任感、向上心などを育みます。ほとんどの教員が何らかの部の顧問を担当し、練習の指導や予算の編成、練習場所の確保、試合の引率などに携わります。

　顧問をすることで、生徒と同じ目標に向かっていくことができるため、熱心に指導する教員も少なくありません。しかし、部活動は平日はもちろん休日にも実施されることが多く、それにともない教員の時間外勤務も増えていきます。部活動の時間外勤務手当は1日2000～3000円といったところで、教員の熱意で成り立っているのが実情です。そのため、部活指導の負担軽減や評価・昇給の見直しなど、部活動のあり方そのものが見直されています。

👉 部活動の種類

運動部	野球（硬式野球、軟式野球）、サッカー、バレーボール、バスケットボール、テニス（硬式テニス、ソフトテニス）、ラグビー、バドミントン、卓球、ハンドボール、ゴルフ、相撲、柔道、剣道、弓道、空手、ボクシング、水泳、陸上競技、体操（新体操）など
文化部	吹奏楽、管弦楽、室内楽、合唱、美術、演劇、写真、手芸、放送、書道、茶道、華道、科学（化学・生物・物理など）、英語、新聞、ロボット、機械など

顧問の役割

❶ 予算の編成
部活動で使える予算は限られており、そのほとんどは備品の購入に充てられます。そのため、購入する備品は部員たちと相談し、必要性を見極めて購入します。部員たちに道具の大切さを説くことも大事です。

❷ 練習場所の確保・調整
とくにグラウンドや体育館を使用する部は、他の部の顧問と練習時間の調整をする必要があります。そしてグラウンドや体育館が使えなくても、別の場所で「モチベーションが維持できる練習」をしましょう。

❸ 平日・休日の練習・指導
平日放課後の練習時間は限られているので、準備や片付けに時間が割かれないような工夫が必要です。顧問が直接指導できなくても、生徒だけでしっかりと練習に取り組むのが理想です。

❹ 試合や大会への申し込み・引率
試合や大会の申し込みは、締め切りを忘れてはいけません。大会当日は集合から解散までの引率や、大会の運営などに携わることもあります。移動中はまわりの人に迷惑をかけないよう、ルールやマナーに気をつけさせましょう。

❺ 安全・健康管理
部活動では、安全の確保が何より大事です。顧問がいないところで、無理な練習をさせないようにしましょう。様子がおかしな生徒がいたらすぐに声をかけ、休ませたり、帰らせるなどします。

MEMO　若手教員は大変な部会を任されやすい!?

部活動顧問の負担は重い部、軽い部があり、大変な部は校務分掌の負担が重くない若手の教員が任されることが多いようです。どの部活動の顧問になるのかは教員の希望が優先されますが、場合によっては競技経験がまったくない部活動の顧問をまかされることもあります。また、教員の数が少ない学校では、複数の部活動を任されるケースもあります。

野球部の顧問ヨロシク！

ハハァ…

Chapter8 覚えておきたい基礎知識その4　授業以外の学習

部活動の指導

- 教員が先に立って模範を示す
- 部活動の指導で心得ておくべきポイントを押さえる

教員が見本を示して部をまとめる

　運動部を指導する際、何より優先させないといけないのが生徒の安全と健康です。試合や大会で勝つこともちろん大事ですが、勝利至上主義がいきすぎるあまり、過度なトレーニングをさせたり、体罰を与えたりするのは絶対にしてはいけないことです。

　部活動の顧問は四六時中指導できるわけではないので、顧問がいなくても成り立つシステムをつくる必要があります。ミーティングを適度におこないながら、練習内容などを組み立てるようにしましょう。ミーティングでは部全体の目標を生徒に立てさせ、教員が見本を示すようにします。例えば、時間通りに集合させたいときは、教員が最初にグラウンドに行き、生徒にゴミ拾いを指導するなら教員が率先して拾って見本を示すなど、先に立って模範を示すことが大切です。

👉 中学校学習指導要領における部活動の位置づけ

「生徒の自主的、自発的な参加により行われる部活動については、スポーツや文化及び科学等に親しませ、学習意欲の向上や責任感、連帯感の涵養等に資するものであり、学校教育の一環として、教育課程との関連が図られるよう留意すること。その際、地域や学校の実態に応じ、地域の人々の協力、社会教育施設や社会教育関係団体等の各種団体との連携などの運営上の工夫を行うようにすること」
【中学校学習指導要領第1章総則第4の2 (13)】

おもなトラブルの対処法

❶ 競技経験がない
前の顧問がいれば、その人から指導のポイントなどを聞き出します。最初は前の顧問のやり方を踏襲しつつ、徐々に自分の色を出していくようにしましょう。

❷ 事故やケガが起きた
どんなに注意をしても事故やケガは起きるもの。顧問は落ち着いて対応し、状況によっては救急車を呼ぶようにします。また、保護者への連絡も忘れないようにしましょう。

❸ 保護者からの要望が大変
保護者が口を出すのは、部の活動実態が見えないからというケースが多いです。プリントなどを活用し、自分の指導方針を保護者に伝えるようにしましょう。

❹ 生徒間でのトラブル
部員とは日ごろからコミュニケーションをとり、生徒の心の状態をつかんでおく必要があります。部内にいじめの兆候がある場合は、早めにその芽を摘んでおきましょう。

📝 MEMO：部活動の指導でやってはいけないこと

- **いきすぎた指導**
「長時間練習すれば技術が向上する」という認識を持っているようであれば、それを改めないといけません。また、夏場は熱中症に注意が必要です。

- **ルール違反を見逃す**
部の雰囲気を乱す行為を放置しておくと、それが部全体に蔓延するおそれがあります。何か問題が起きたら、そのたびにしっかりと指導していきましょう。

- **特定の生徒をひいきする**
生徒に平等に接するのは、教育者として当然のことです。特定の生徒を特別扱いすると、それが部の乱れにつながることがあるので、振る舞いには、十分に気をつけましょう。

8 覚えておきたい基礎知識その4 授業以外の学習

授業以外の学習
理解度チェック問題

問1 次の学校行事はそれぞれ儀式的行事、学芸的行事、体育的行事、旅行・集団宿泊的行事、勤労生産・奉仕的行事のうちどれに該当するでしょうか？

❶ 入学式　　　　　❹ 体育祭　　　　❼ 遠足　　　　❿ 学習発表
❷ 文化祭　　　　　❺ 卒業式　　　　❽ 企業見学
❸ ボランティア活動　❻ 修学旅行　　　❾ 運動会

問2 次の文章は、学校行事について記したものです。適切であれば○、適切でなければ×をつけなさい。

❶ 学校行事のなかでも、体育祭や球技大会といった体育的行事はとくに盛り上がる。学級全体で一丸となって目標に向かうという、普段の授業ではなかなか学べない"団結"の素晴らしさを学ぶことができる。

❷ 体育祭や球技大会は何より勝利が大事なので、運動能力に長けた生徒を重用し、運動が苦手な生徒はなるべく起用しないようにする。

❸ 近年は授業時間を確保するため、文化祭などの行事の規模を縮小したり、行事の数を減らしたりする傾向にある。

❹ 文化祭などでは、教員が率先して動き、生徒をけん引していく。

答え

問1 ❶ 儀式的行事　❷ 学芸的行事　❸ 勤労生産・奉仕的行事　❹ 体育的行事　❺ 儀式的行事　❻ 旅行・集団宿泊的行事　❼ 旅行・集団宿泊的行事　❽ 勤労生産・奉仕的行事　❾ 体育的行事　❿ 学芸的行事

問2 ❶ ○　❷ ×（運動が苦手な生徒へのフォローやサポートが大事）　❸ ○　❹ ×（あくまで主役は生徒なので、教員は黒子に徹してサポートする）

問3 次の文章は、宿泊的行事（修学旅行・林間学校など）について記したものです。適切であれば○、適切でなければ×をつけなさい。

❶ 学級担任の場合、事前指導や行事当日の引率、事後指導など、やるべきことがたくさんある。日常の学校生活から離れ、心が解放されることで浮足立つ生徒もいるので、生徒の自覚や責任を促す言葉をかける。

❷ 緊急事態が発生したときの対応、あいさつや礼儀、マナーなども指導する必要がある。

❸ 修学旅行では、生徒の気も緩みがちになるので勝手な行動は慎まなければならない。そのため、気を張って普段以上に厳しく接するようにする。

❹ 海外への修学旅行は一時人気が高まったものの、国際情勢の変化や保護者の経済負担の大きさなどもあり、2008年（平成20）以降からは横ばい傾向にある。

❺ 修学旅行は単に観光するだけでなく、キャリア体験などもおこなうようになってきている。

問4 次の文章は、部活動の役割について記したものです。この中で基本的に顧問の役割でないものを1つ選びなさい。

❶ 予算の編成
❷ 試合や大会への申し込み・引率
❸ 平日・休日の練習・指導
❹ 安全・健康管理
❺ 施設・設備の管理責任

答え

問3 ❶○ ❷○ ❸×（気を張りすぎると生徒も楽しめないので、「一緒に楽しもう」という余裕も必要である） ❹○ ❺○

問4 ❺ 施設・設備の管理責任

問5 次の文章は、部活動の指導のポイントについて記したものです。適切であれば○、適切でなければ×をつけなさい。

❶ 部活動において何より大事なのは、生徒の安全と健康よりも試合での勝利である。

❷ 試合や練習でミスをしたとき、部員に気合を入れるために体罰をするのはもってのほかである。

❸ 部活動ではミーティングを適度に行い、練習内容などをスケジューリングしていく。

❹ ミーティングでは部員の個々の目標を立てる必要はあるが、全体の目標を立てる必要はない。

問6 次の文章は、中学校学習指導要領における部活動の位置づけ（第1章総則）を記したものです。空白に当てはまる語句を入れなさい。

「生徒の自主的、❶（　　　）な参加により行われる部活動については、スポーツや文化及び科学等に親しませ、学習意欲の向上や❷（　　　）、連帯感の涵養等に資するものであり、学校教育の一環として、教育課程との関連が図られるよう留意すること。その際、地域や学校の実態に応じ、❸（　　　）の人々の協力、社会教育施設や社会教育関係団体等の各種団体との連携などの運営上の工夫を行うようにすること」

答え

問5 ❶ ×（部活動で大事なのは、生徒の安全と健康である）　❷ ○　❸ ○　❹ ×（ミーティングでは部全体の目標をつくらせる必要がある）

問6 ❶ 自発的　❷ 責任感　❸ 地域

問7 次の文章は、部活動でのトラブル対処法について記したものです。適切であれば○、適切でなければ×をつけなさい。

❶ 指導に支障が生じるおそれがあるので、競技経験がない部活動の顧問になってはいけない決まりになっている。

❷ 部活動を引き継いだら、前の顧問のやり方を踏襲しつつ、徐々に自分の色を出していくようにする。

❸ 事故やケガは絶対に起こしてはいけないので、土日の部活動は一切禁じられている。

❹ 部員とは日ごろからコミュニケーションをとり、生徒の心の状態をつかんでおく必要がある。また部内にいじめの兆候がある場合は、早めにその芽を摘むようにする。

❺ 生徒が部活動を辞めたいと言ってきたら、どのような理由であれ教員は受け入れなければならない。

❻ 部活動では、指導方針に口を出す保護者もいる。これは部の活動実態が見えないからというケースが多いので、プリントなどを活用し、自分の指導方針を保護者に伝えるようにする。

❼ 「君たちはダメだ」「全然なっていない」など、否定的な言葉を投げかけたほうが、部員との間に信頼関係が生まれやすくなる。

答え

問7 ❶ ×（競技経験がなくても顧問を任されることはある）　❷ ○　❸ ×（事故やケガは、どんなに注意しても起きるものと考えておく）　❹ ○　❺ ×（まずは何で辞めたいのか、理由を聞いてから判断する）　❻ ○　❼ ×（否定的な言葉で信頼関係が生まれることはあまりない）

Column 9

教員としての力を身につけるには?

▶ 意識を高め合える同志を見つける

　公立の教員は公務員で安定しているので、「教員としての技量を上げたい」といった向上心を持ち続けにくいという問題があります。若手教員が「もっと生徒のためになる授業をしたい！」「教員同士で切磋琢磨したい！」と志しても、まわりに流され、惰性的な教員生活を送ってしまう人も少なくありません。

　同じ学校や地域に意識を高め合える仲間がいればよいのですが、そういった教員がまわりにいないのであれば、インターネットで同志を見つける方法もあります。教員が集まるSNSのコミュニティサイトや掲示板などもあり、そのなかには教員同士で集まり、意見を出し合ったり、授業の工夫をみんなで考えたりする団体もあります。おもな活動としては、教科書や教材を持ち寄っての授業の意見交換や先輩教員への相談、学級通信の内容の検討などがあります。教員としての力を高めたいのであれば、インターネットなどを活用し、教員仲間を見つけてみましょう。

Chapter 9

教員の専門常識・基礎知識
総まとめ問題集

教員の仕事は、授業での学習指導だけではありません。担任は学級経営を行い、生徒や保護者と向き合う必要があります。また校務分掌では生徒指導や進路指導、教育課程の編成など、教員は学校運営に携わる仕事もこなします。

> 一度理解したことや覚えたことを忘れないために、繰り返し問題を解くのもひとつの手です。この総まとめ問題集を活用し、本書の内容を復習して知識を定着させましょう。

教員の専門常識・基礎知識 総まとめ問題集

問1 次の文章は、中学・高校の教員に関するものです。適切であれば○、適切でなければ×をつけなさい。

❶ 小学校の教員免許状しかなくても、中学校で教えることができる。

❷ 教員採用試験は、都道府県では実施しているが、政令指定都市では実施していない。

❸ 教員の平均年齢は、1990年代以降、一貫して上昇を続けている。

❹ 昨今、教育を取り巻く問題は複雑化しており、教員のメンタルヘルス対策も重要事項となっている。

問2 次の文章は、教員免許状について記したものです。それぞれにあてはまる免許状の種類を、下の選択肢から選びなさい。

❶ 大学などで所定の単位を修得することで授与される、もっとも一般的な教員免許状。

❷ 雇用者（学校法人など）の推薦を受け、教育職員検定に合格した者に授与される。

❸ 普通免許状を有する者を採用できないときに限って授与される。

免許状の種類	A. 特別免許状　　B. 普通免許状　　C. 臨時免許状

答え

問1 ❶ ×（中学校の教員免許状を取得する必要がある）　❷ ×（政令指定都市でも実施している）
　　 ❸ ×（団塊の世代の一斉退職もあり、若返りが進んでいる）　❹ ○
問2 ❶ B　❷ A　❸ C

問3 次の文章は、学校教育の歴史について記したものです。カッコ内にあてはまる語句を答えなさい。

❶ 学校の始まりは、室町時代といわれているが、発達したのは江戸時代である。支配階級である武家が、子弟に指導者として学問・教養が必要と考え、藩が運営する（　　　）に通わせた。

❷ 江戸時代の庶民は、商売をするうえで文字を読んだり、計算したりする能力が必要だったため、子弟を（　　　）に通わせていた。

❸ 1872年（明治5）、明治政府は日本最初の近代的学校制度として（　　　）を発令した。

❹ 1871年（明治4）、それまで地域によってまちまちだった教育制度を統括するため（　　　）省が設置された。

❺ 明治政府によって欧米を模した教育制度が確立され、まずは小学校が統一され、続く1886年（明治19）の（　　　）の発布で、中等教育・高等教育も含めた学校制度の基礎が確立された。

❻ 1890年（明治23）、戦前の政府の教育方針を示す文書となった（　　　）が発布された。その後、第二次世界大戦を経て、1948年（昭和23）に学校教育から排除・失効された。

❼ 1907年（明治40）に小学校令が改正され、尋常小学校の修業年限が（　　　）年と定められた。

❽ 1947年（昭和22）、GHQ（連合国軍最高司令官総司令部）の指揮・監督のもと、（　　　）法が制定された。

答え

問3 ❶藩校 ❷寺子屋 ❸学制 ❹文部 ❺学校令 ❻教育勅語 ❼8 ❽学校教育

教員の専門常識・基礎知識
総まとめ問題集

問4 次の文章は、日本国憲法の教育に関する条文について記したものです。カッコ内から適切な語句を選びなさい。

❶ 1947年（昭和22）に施行された日本国憲法では、国民に対し教育を受ける権利を保障している。すべての国民は、その保護する子女に普通教育を受けさせる（義務を負う・権利を有する）。

❷ 第二十六条2項では「義務教育はこれを無償とする」としているが、学用品などは「無償」の範囲に（含まれている・含まれていない）。

❸ （第二十三条・第二十四条）で定められている学問の自由を保障する規定は、明治憲法下ではなかったものである。

問5 次の文章は、学校教育法について記したものです。適切であれば○、適切でなければ×をつけなさい。

❶ 1947年（昭和22）に公布・施行された学校教育法では、学校制度が6-3-3-4制を基本とする単線型学校体系に改められた。

❷ 第十一条では体罰が禁じられており、それを実現するための「生徒に対する体罰禁止に関する教師の心得」（法務省）もある。

❸ 用便に行かせなかったり、食事時間を過ぎても教室にとどめ置いたりすることは体罰に該当せず、学校教育法に違反しないとされている。

答え

問4 ❶ 義務を負う ❷ 含まれていない ❸ 第二十三条
問5 ❶ ○ ❷ ○ ❸ ×（肉体的苦痛をともなうことは体罰となり、学校教育法に違反する）

問6 次の教育基本法の条文について、カッコ内から適切な語句を選びなさい。

【第一条】教育の目的
教育は、❶(知識の定着・人格の完成)を目指し、平和で民主的な国家及び社会の形成者として必要な資質を備えた心身ともに健康な国民の育成を期して行わなければならない。

【第二条－１】教育の目標
幅広い知識と教養を身に付け、真理を求める態度を養い、豊かな情操と❷(道徳心・競争心)を培うとともに、健やかな身体を養うこと。

【第五条－４】義務教育
国又は地方公共団体の設置する学校における義務教育については、❸(管理維持費・授業料)を徴収しない。

【第六条】学校教育
法律に定める学校は、公の性質を有するものであって、国、地方公共団体及び法律に定める❹(法人・個人)のみが、これを設置することができる。

【第八条】私立学校
私立学校の有する公の性質及び学校教育において果たす重要な役割にかんがみ、国及び地方公共団体は、その自主性を尊重しつつ、助成その他の適当な方法によって私立学校教育の❺(振興・管理)に努めなければならない。

【第九条】教員
法律に定める学校の教員は、自己の崇高な使命を深く自覚し、絶えず❻(研究と修養・立身出世)に励み、その職責の遂行に努めなければならない。

答え

問6 ❶人格の完成 ❷道徳心 ❸授業料 ❹法人 ❺振興 ❻研究と修養

教員の専門常識・基礎知識
総まとめ問題集

問7 次の文章は、学校で働く人たちの職種に関するものです。あてはまる職種を下記から選びなさい。

❶ 総務や服務、来客の対応など、さまざまな事務処理をおこなう。

❷ 学校給食の調理をおこなう。

❸ 草むしりや備品の整理修繕、その他雑務をおこなう。

❹ 図書室の運営を担う。

```
養護教諭    学校給食調理従事者    学校図書館事務員
         用務員    事務職員
```

問8 次の文章は、教員の福利厚生について記したものです。適切であれば○、適切でなければ×をつけなさい。

❶ 教員と教員の扶養家族のための福利厚生のしくみは、地方公務員等共済組合法にもとづき加入が義務づけられる互助会と、任意加入の共済組合（公立学校共済組合）がある。

❷ 共済組合は全国的な独立行政法人で、全国的な組織である。月々の給料や、賞与から支払う掛金は4種類に分かれていて、それぞれの給料に対するパーセンテージの合計で支払う金額が決定される。

❸ 互助会が会員に提供する給付事業やその他の事業は、全国一律で定められている。

答え

問7 ❶ 事務職員　❷ 学校給食調理従事者　❸ 用務員　❹ 学校図書館事務員
問8 ❶ ×（加入が義務づけられているのが共済組合、任意加入が互助会）　❷ ○　❸ ×（運営する都道府県により事業内容が異なる）

問9　次の文章の下線部に、適切な語句を入れなさい。

❶ 従来の中学校・高等学校の教育系統を一本化した、体系的な教育方式を_____教育という。

❷ 文部科学省が真のグローバルリーダーを育成すべく開始したのが_____（SGH）制度である。

❸ _____の前文には、「子どもたちが豊かな人間関係を育み、生きる力を身につけていくためには、何よりも"食"が重要である」（抜粋）とあり、食事の重要性を説いている。

❹ 障害がある人とない人が共に学ぶしくみを構築し、誰もがその人格と個性を尊重し、支え合える社会を目指すことを_____教育という。

問10　次の文章が適切であれば○、適切でなければ×をつけなさい。

❶ 教員は生徒の模範となるべき存在なので、どんな場面でもネクタイ着用で臨むようにする。

❷ 同僚とのコミュニケーション構築はとても大事ではあるが、酒を飲んだあとの自動車の運転は絶対に控えなければならない。

❸ 学校への通勤は、始業時間にさえ間に合えばよい。

❹ 就職を選択する高校生は、年々増加傾向にある。

答え

問9 ❶ 中高一貫　❷ スーパーグローバルハイスクール　❸ 食育基本法　❹ インクルーシブ
問10 ❶ ×（身体を動かす場面ではジャージを着用するなど、場面に応じた服装を心がける）
　　 ❷ ○　❸ ×（なるべく余裕を持って行くようにする）　❹ ×（就職する高校生は年々減ってきている）

教員の専門常識・基礎知識
総まとめ問題集

問11 次の文章は、文部科学省が定めたいじめの定義について記したものです。カッコ内にあてはまる語句を答えなさい。

「いじめ」とは、「当該児童生徒が、一定の人間関係のある者から、❶（　　　）、物理的な攻撃を受けたことにより、❷（　　　）な苦痛を感じているもの」とする。なお、起こった場所は❸（　　　）の内外を問わない。
　この「いじめ」の中には、❹（　　　）行為として取り扱われるべきと認められ、早期に❺（　　　）に相談することが重要なものや、児童生徒の生命、身体又は財産に重大な被害が生じるような、直ちに❺（　　　）に❻（　　　）することが必要なものが含まれる。これらについては早期に❺（　　　）に相談・❻（　　　）の上、❺（　　　）と連携した対応をとることが必要である。

問12 次の文章は、子どもとインターネットの関係について記したものです。適切であれば○、適切でなければ×をつけなさい。

❶ 内閣府の調査によると、中学生や高校生の携帯電話所持率は減少の一途をたどっている。

❷ ネットいじめには「個人の悪口や噂、嘘などを書き込む」、「個人情報を無断でインターネット上に掲載する」などがある。

❸ 著作権がある著作物を、著作権者の許諾を得ないで違法ダウンロードなどをしても、著作権の侵害にはあたらない。

答え

問11 ❶ 心理的　❷ 精神的　❸ 学校　❹ 犯罪　❺ 警察　❻ 通報
問12 ❶ ×（増加の一途をたどっている）　❷ ○　❸ ×（著作権の侵害にあたる）

問13 次の文章の下線部に、適切な語句を入れなさい。

❶ 暴力行為とは「自校の児童生徒が起こした暴力行為」を指し、「A_____暴力」、「生徒間暴力」、「対人暴力」、「学校の施設・設備などの B_____」の4形態に分類される。

❷ 反社会的行為をする少年を一般に_____少年という。反社会的行為は法的にいうと犯罪行為、触法行為、虞犯行為に分類される。

❸ 不登校児童・生徒とは、何らかの心理的・情緒的・身体的あるいは社会的要因・背景により、登校しない、あるいは、したくてもできない状況にあるため、年間_____日以上欠席した者のうち、病気や経済的な理由による者を除いた者をいう。

❹ 校務分掌は、学校の運営に必要な業務、すなわち校務を_____のリーダーシップの下に全教職員が分担して学校全体の立場から処理していくためのシステムである。

❺ 教員免許更新制は、教員になるための免許状を一定期間ごとに更新し、必要な A_____能力の保持を図る制度である。この制度により教員免許状の有効期間が B_____年に限定され、更新の際は C_____時間以上の免許状更新講習を受講・修了のうえ、免許管理者（都道府県教育委員会）に申請する必要がある。

❻ 2019年から、中学校では教科外活動（領域）だった「道徳」が「特別の教科 道徳」となり、_____に格上げされることになった。

❼ 1952年（昭和27）から文部省（当時）に設置された文部大臣（現文部科学大臣）の諮問機関を、_____という。

答え

問13 ❶ A. 対教師　B. 器物損壊　❷ 非行　❸ 30　❹ 校長　❺ A. 資質　B. 10　C. 30
❻ 教科　❼ 中央教育審議会

教員の専門常識・基礎知識 総まとめ問題集

問14 次の文章について適切であれば○、適切でなければ×をつけなさい。

❶ 自閉症は、カナーによって報告された発達障害のひとつで、症状の特徴には①外部に関心を示さず、社会的関係が構築できない、②常同行動や同一性に固執する、③言語発達の遅れと異常が見られる、などがある。

❷ ADHDは注意欠陥多動性障害と呼ばれ、年齢あるいは発達に不釣り合いな注意力、衝動性、多動性を特徴とする行為の障害で、社会的な活動や学業の機能に支障をきたすものである。LD（学習障害）を発症している人は、ADHDになることはない。

❸ LD（学習障害）とは、基本的には全般的な知的発達に遅れはないが、聞く、話す、読む、書く、我慢するまたは推論する能力のうち、特定のものの習得と使用に著しい困難が生じる状態のことである。

問15 次の文章は、地方公務員法について記したものです。カッコ内にあてはまる語句を答えなさい。

第30条 すべて職員は❶（　　　）として❷（　　　）のために勤務し、且つ、❸（　　　）の遂行に当たっては、全力を挙げてこれに専任しなければならない。

第33条 職員は、その職の❹（　　　）を傷つけ、又は職員の職全体の❺（　　　）となるような行為をしてはならない。

答え

問14 ❶ ○ ❷ ×（ADHDとLDを併せ持つ割合は高い） ❸ ×（「我慢する」ではなく「計算する」）

問15 ❶ 全体の奉仕者 ❷ 公共の利益 ❸ 職務 ❹ 信用 ❺ 不名誉

問16 次の文章は、学習指導要領にある、学校行事に関するものです。該当する語句を下の選択肢A〜Eから選びなさい。

❶ 学校生活に有意義な変化や折り目をつけ、厳粛で清新な気分を味わい、新しい生活への動機づけとなるような活動を行うこと。

❷ 平素の学習活動の成果を発表し、その向上の意欲を一層高めたり、文化や芸術に親しんだりするような活動を行うこと。

❸ 心身の健全な発達や健康の保持増進などについての理解を深め、安全な行動や規律ある集団行動の体得、運動に親しむ態度の育成、責任感や連帯感の涵養、体力の向上などに資するような活動を行うこと。

❹ 平素と異なる生活環境にあって、見聞を広め、自然や文化などに親しむとともに、集団生活の在り方や公衆道徳などについての望ましい体験を積むことができるような活動を行うこと。

❺ 勤労の尊さや創造することの喜びを体得し、職場体験などの職業や進路にかかわる啓発的な体験が得られるようにすると同時に、共に助け合って生きることの喜びを体得し、ボランティア活動などの社会奉仕の精神を養う体験が得られるような活動を行うこと。

A. 健康安全・体育的行事　B. 文化的行事　C. 勤労生産・奉仕的行事
D. 旅行・集団宿泊的行事　E. 儀式的行事

答え

問16 ❶ E. 儀式的行事　❷ B. 文化的行事　❸ A. 健康安全・体育的行事　❹ D. 旅行・集団宿泊的行事　❺ C. 勤労生産・奉仕的行事

索引 【INDEX】

英数字

- ICT機器 ………………………… 153
- ADHD（注意欠陥多動性障害） ……… 109,134,136,137
- LD（学習障害） …… 109,134,140,141
- PTA ……………………………… 54
- 2学期制 ………………………… 54

あ行

- アクティブ・ラーニング ………… 151
- アスペルガー症候群 …………… 139
- いじめ ………………… 104〜107
- インクルーシブ教育 …………… 148
- うつ病 …………………………… 143
- 栄養教諭 …………………… 80,132
- 栄養教諭普通免許状 …………… 80

か行

- 介護休暇 ………………………… 40
- 学制 ………………………… 16,17
- 学年主任 ………………… 22〜24
- 学活 ……………………………… 55
- 学級通信 ………………………… 59
- 学校給食調理従事者 ………… 28,29
- 学校給食法 ……………………… 17
- 学校教育法 ………………… 16,26,27
- 学校事務職員 ………………… 28,29
- 学校選択制 …………………… 126
- 学校図書館事務員 …………… 28,29
- 学校令 ……………………… 16,17
- 合唱コンクール ………………… 166
- 家庭訪問 ………………………… 69
- 管理職試験 ……………………… 24
- 危険ドラッグ …………………… 125
- キャリア教育 ……………… 57,154,155
- 級 ………………………………… 38
- 教育委員会 …………………… 64,65
- 教育基本法 ………………… 16,17,26,27
- 教育再生会議 …………………… 17
- 教育実習 ……………………… 84,85
- 教育職員免許状 ……………… 13,78,79
- 教育職員免許法 ………………… 80
- 教育勅語 ………………………… 17
- 教育令 …………………………… 17
- 教員採用試験 ………… 76,86〜95,97
- 教員免許更新制 ……………… 17,82,83
- 教科指導 ………………………… 53
- 教科主任 ………………………… 22
- 教科担任制 ……………………… 52
- 共済組合（公立学校共済組合） …… 42
- 共済年金と厚生年金の一元化 …… 45
- 教職員免許の上進制度 …………… 79
- 教職調整額 ……………………… 38
- 教頭（副校長） ………… 22〜24,64
- 教務主任 ………………………… 22
- 教務部 …………………………… 63
- クライシス・マネージメント …… 124
- グローバル教育 ………………… 36
- 健康診断 ………………………… 55
- 校外研修 ………………… 54,60,61
- 工業高校 ………………………… 31
- 号給 ……………………………… 38

188

校長	22〜24,64,65
校内研修	54,60,61
校務分掌	24,54,58,59,62
国定教科書制度	17
国民学校令	17
互助会	42,43

さ行

サイモンズ式分類	117
始業式	55
自己啓発等休業	40
実技試験	95
指定校制度	97
自閉症スペクトラム	138
修学旅行	155,164,167
住居手当	39
10年経験者研修	60,61
主幹教諭	22〜24
授業計画	55
授業参観	55,69
授業力	150,151
商業高校	30
小論文試験	94
食育	132
職員室	59
職業高等学校	30
初任者研修	60,61
私立学校	96,97
進路指導	53,63,154
進路指導主事	22
水産高校	31
スーパーグローバルハイスクール	36
生徒会	53,56
生徒指導	53,63
生徒指導主事	22
専修免許状	78,79
全日本教職員組合(全教)	44

全日本教職員連盟(全日教連)	44
総合的な学習の時間	53
総務部	63
卒業式	165

た行

体育祭	164,165
退職金	45
体罰	116
地域手当	39
地方公務員法	26,27
中1ギャップ	56
中高一貫校	20
通信教育	89
適性検査	95
寺子屋	17
道徳指導	53
特別休暇	40,41
特別支援学校	135
特別支援学校教諭普通免許状	80
特別支援教育コーディネーター	135
特別選考	97
特別非常勤講師制度	81
特別免許状	12,13,78,81,82

な行

二次障害	142,143
二種免許状	78,79
日本教職員組合(日教組)	44
日本国憲法	26,27
入学式	55,165
年金	45
年次有給休暇	40,41
農業高校	31

は行

配偶者同行休業	40
反抗期	118
非行	112,113
非常勤講師	23
筆記試験	88,89
病気休暇	40,41
フィルタリング	123
部活動	52,56,168〜171
副担任	57
普通免許状	12,13,78,79
不登校	108〜111
文化祭	164,166
暴力行為	114,115
保護者会	55,69

ま行

面接試験	90〜93
モンスターチルドレン	117
モンスターペアレント	120,121

や行

ゆとり教育	17
養護教諭	28,80,135
養護教諭普通免許状	80
用務員	28,29

ら行

リスク・マネージメント	124
臨時採用教員	95
臨時免許状	12,13,78,81
労働組合	44
浪人生	157

参考図書

(タイトル／著者名／発行元)

- 『合格率80%以上のカリスマ講師が教える！ 教員採用試験 面接試験攻略法』岸上隆文監修、つちや書店
- 『教員をめざす人の本 '15年版』八尾坂修監修、成美堂出版
- 『中学校を「荒れ」から立て直す！』長谷川博之、学芸みらい社
- 『生徒に「私はできる！」と思わせる超・積極的指導法』長谷川博之、学芸みらい社
- 『中学校・高校教師になるには』森川輝紀、ぺりかん社
- 『早わかり 教師のための教師の常識ハンドブック』松本徳重、民衆社
- 『部活動指導スタートブック 怒鳴らずチームを強くする組織づくり入門』杉本直樹、明治図書
- 『新版 教師のちょっとしたマナーと常識』飯田稔、学陽書房
- 『改訂版 はじめての特別支援教育』柘植雅義・渡部匡隆・二宮信一・納富恵子編、有斐閣アルマ
- 『教師のための実践マナーブック』有村久春編、教育開発研究所
- 『新任1年目を生き抜く教師のサバイバル術、教えます』西川純、学陽書房
- 『中学校・学級担任のためのまるごと中学生』安藤聖子、小学館
- 『中学校・高校版 新任教師のしごと 毎日の実務に生かせる場面対応』小学館
- 『失敗しない新任教師の「常識力」』小島宏編、教育開発研究所
- 『今さら聞けない！特別支援教育Q&A』青山新吾、明治図書
- 『教師になるということ』池田修、学陽書房
- 『仕事をためない！ 1日をうまく使う教師の時短術』濱崎仁詩 with チームおもちゃばこ、ナツメ社
- 『授業の腕をあげる法則』向山洋一、学芸みらい社

おわりに

　中学生・高校生は、小学生に比べて子どもたちが心身ともに成長しているので、育った子どもたちに対峙するための「大人としての振る舞い」が必要になってきます。

　中学生・高校生になると、子どもたちもいろいろなことに気付き、なかには教員に対して「これは違うと思います」と指摘をする子もでてきます。それに対し、教員は大人としてハッキリとした意見を言うことが大事です。

　その一方で、子どもたちの気持ちをくんであげないと、適切な指導をするのは難しくなります。より大人として接していくという、こちらの心構えや度量が必要になってくるのです。

　そして中学校・高校の教員がやってはいけないのが、媚びたり、動じたりすることです。媚びると、子どもは大人をナメるようになります。動じると、そこにつけ込まれます。普段「時間を守りましょう」と言っているのに授業の終わりの時間を守らないと、「先生、時間を守れって言ったじゃないですか」と言われ、信用をなくしてしまいます。そのため、自分で言ったことはしっかりと守り、さらに子どもたちの見本となって示し続ける必要があります。言うからには「やる」を基本にしていかないといけません。

　中学校・高校の教員でもうひとつ求められるのが、生徒と対話するうえで、問題点を納得できる形で明確にすることです。「ここは確かにそうだよな」と共感しながらも「ここはよくなかったんじゃないか」と言ってあげるなど、生徒が納得できる形で話を進めることが大切です。

　中学生・高校生は、子どもたちが「自分はこうありたい」という理想像は描いていますが、それに自分のスキルやメンタルが追いついていないという葛藤を抱いています。ですので、理想とする姿を追い求めている子どもに「できていないんじゃないか」と言っても反発されるだけ。「こういうところはできている」「こうしたらもっとよくなる」と、方向性を示していくようにしましょう。そして、理想に向かっていくためのアドバイスをするのが、中学校・高校教員の役割ではないかと思います。

TOSS採用試験全国事務局長
岸上隆文

■ 監修

岸上 隆文
きしがみ たかふみ

TOSS採用試験全国事務局長、NPO法人長野教師力NET理事。
信州大学在学中から教員採用試験対策を行い、全国各地で開かれている面接試験対策講座に講師として参加。受講者の合格率が非常に高いと人気を集める。今までに難関の長野県をはじめ、全国各地で合格者を輩出。現在は、長野県で参加者の合格率が80％以上を誇る「教採突破塾」を月1回開催し、長野県内外から数多くの参加者がいる。監修に『合格率80％以上のカリスマ講師が教える！教員採用試験 面接試験攻略法』（つちや書店）がある。

＜TOSSランドHP＞
http://www.tos-land.net

■ STAFF

デザイン	スタジオダンク
イラスト	豊島愛（キットデザイン株式会社）
編集協力	スタジオダンク
	常井宏平
	㈱高橋フミアキ事務所

受験する前に知っておきたい
中学・高校教員の専門常識・基礎知識

監修	岸上隆文
発行者	田仲豊徳
発行所	株式会社滋慶出版/つちや書店
	〒150-0001
	東京都渋谷区神宮前3-42-11
	TEL 03-5775-4471
	FAX 03-3479-2737
	E-mail　shop@tuchiyago.co.jp
印刷・製本	日経印刷株式会社

© Jikei Shuppan 2015 Printed in Japan　　http://tuchiyago.co.jp

落丁・乱丁は当社にてお取り替え致します。
許可なく転載、複製することを禁じます。

この本に関するお問い合わせは、書名・氏名・連絡先を明記のうえ、上記FAXまたはメールアドレスへお寄せください。なお、電話でのご質問はご遠慮ください。またご質問の内容につきましては「本書の正誤に関するお問い合わせのみ」とさせていただきます。あらかじめご了承ください。